# 书道

## 社长总编谈做书

主　编－张艺兵
副主编－郭玉婷　唐　勇

SHU DAO
SHEZHANG ZONGBIAN TAN ZUO SHU

GEP 广西教育出版社·南宁

**图书在版编目（CIP）数据**

书道．社长总编谈做书 / 张艺兵主编；郭玉婷，唐勇副主编．-- 南宁：广西教育出版社，2022.12
ISBN 978-7-5435-9229-2

Ⅰ．①书… Ⅱ．①张… ②郭… ③唐… Ⅲ．①图书－编辑工作－研究②图书出版－研究 Ⅳ．① G23

中国版本图书馆 CIP 数据核字 (2022) 第 208108 号

项目策划：张艺兵
项目统筹：吴春霞　张星华
责任编辑：周栩宇　韦纳斯
特约编辑：林春燕
责任校对：谢桂清　何　云
封面设计：刘瑞锋 [ 广大迅风艺术 ]
版式设计：李浩丽
责任技编：蒋　媛

出 版 人：石立民
出版发行：广西教育出版社
地　　址：广西南宁市鲤湾路 8 号　邮政编码：530022
电　　话：0771-5865797
本社网址：http://www.gxeph.com
电子信箱：gxeph@vip.163.com
印　　刷：广西壮族自治区地质印刷厂
开　　本：787mm × 1092mm　1/16
印　　张：12.75
字　　数：175 千字
版　　次：2022 年 12 月第 1 版
印　　次：2022 年 12 月第 1 次印刷
书　　号：ISBN 978-7-5435-9229-2
定　　价：48.00 元

# 序

聂震宁

广西出版传媒集团2020年、2021年连续两年举办“社长总编辑谈做书”和“骨干编辑谈做书”沙龙活动，其中“社长总编辑谈做书”沙龙举办了15期，“骨干编辑谈做书”沙龙举办了18期。沙龙活动一经举办，反响良好，参会的编辑们特别是年轻编辑们纷纷表示，在近两个小时的沙龙活动中，一批爱做书、会做书的资深编辑和骨干编辑分享了一个又一个精彩的书刊编辑故事，大家从这些真诚而激情的讲述中获得很多宝贵经验，得到许多启迪，尤其重要的是增强了职业使命感和责任感，提振了实现出版高质量发展的信心和决心。广西出版传媒集团这项活动引起了行业主流媒体的关注，《中国新闻出版广电报》在头版头条做了报道，并刊发社评，给予了高度评价，认为这是造就一支能力突出、业绩突出，有专业能力、专业素养、专业精神的优秀人才队伍，为实现出版高质量发展提供人才保障的一项创新举措和具体行动。

出于疫情防控的需要，沙龙活动现场一直严格控制人数（50—80人），不仅广西出版传媒集团之外的出版单位的许多编辑无法参与，就连集团内部不少编辑也无法到活动现场听讲和交流，这成为大家的一件憾事。为了弥补这个遗憾，广西出版传媒集团张艺兵总编辑策划将沙龙活动嘉宾的分享内容整理成文结集出版，使之成为编辑们业务学习交流的一份鲜活生动的资料。在图书付印前，艺兵总编辑请我写一篇序言，我欣然应允。一是因为我曾经是广西出版业的一员，有责任有义务为家乡的出版事业发展和人才培养出力；二是因为广西出版传媒集团通过举办这样的业务交流活动，将从业人员的目光聚焦到怎么做好书上，创新了人才培养培训方式，为出版行业练好内功、夯实基础、多出精品做了有益的探索；三是因为把这些生动鲜活的内容整理成文并结集出版，读者们可以在阅读众多好书的同时还能具体了解一众优秀编辑在做书过程中的匠心和创意，有利于引起他们更加强烈的阅读兴趣，有利于培育图书市场。

我认为，广西出版传媒集团举办的“谈做书”沙龙活动的经验值得总结和推广。

这项活动凸显了编辑人才培养的重要性。出版单位最核心的人力资源是骨干编辑。一个出版社的社长、总编辑可能会因为工作需要轮换调整，但只要出版社拥有一支稳定、专业、充足的骨干编辑队伍，业务板块就不会动摇，图书质量就不会降低，出版社可持续发展就得以保证。

这项活动体现了出版事业的薪火相传。从“社长总编辑谈做书”到“骨干编辑谈做书”，社长、总编辑展示了出版生涯中的深厚情怀和广博见识，而中青年骨干编辑展现了新生代出版人的创造力与活力，让我们看到了出版事业的后继有人与薪火相传，体现了出版人的整体职业素养，这也可以看成“广西出版”品牌的一个缩影和印证。

这项活动助推了编辑出版理念的形成与提升。对于所有登台分享者，精心准备并登上讲台高质量完成一场出版业务演讲，都是一个"实践—经验—理念"的总结提升过程,是从"知其然"到"知其所以然"的思维深化过程，无疑非常有益于编辑出版理念的形成和提升。而对于一些年轻的骨干编辑，登台演讲难免会感到一定的压力，然而机会难得，意义不凡。每一次登台都是他们的一次蜕变，每一次登台都意味着他们有机会对自己的出版实践做一次系统梳理，意味着他们对出版业又有了一次理性思考，其专业精神、专业素养、专业能力将得到一次更大提升。

这项活动扩大了出版行业在社会上的影响。据说，这两个沙龙活动虽然是出版业内人员探讨业务的活动，主办方却能每期邀请 10 名左右的社会人士和热心读者参加，让读者有机会了解图书出版的"奥秘"和"门道"，感受做书的辛苦和甘甜，有效扩大了出版这一"专业、小众"行业在社会上的影响。

翻阅书稿大样，我的强烈感受一是"真诚"，二是"实用"。书中无论是社长、总编辑，还是骨干编辑，无不以真诚的态度和真挚的语言来分享自己的出版经历。他们毫无保留地分享自己的成功与挫折，毫不吝啬地分享自己的经验感悟，其中有编辑出版业务的 ABC，更有对职业的情怀和道德操守的认识，还有对职业的价值和趣味的体会，而这一切，全都出自演讲者的真诚态度。书稿中列举了大量真实且翔实的出版案例，读来相当实用。这些案例既有做长效书、畅销书的案例，也有做教材教辅的案例，还有做期刊、音像电子产品的案例，基本涵盖了目前的主要出版形态。可以相信，编辑们特别是年轻编辑们倘能认真阅读、理解这些案例，应当会有亲耳聆听老编辑、老出版人谆谆教导的亲切感觉，也会有同行间业务交流推心置腹的真诚感受，对于自己今后的快速成长大有裨益。

为此，我真诚地建议业内编辑同人们，特别是年轻编辑同人们都能认真阅读这两本书，同时还真诚地希望大家都能把自己做书过程中的点滴感受和体会记录下来，形成更多的业务交流，在业内经常开展谈做书沙龙活动。在忙碌的编辑出版工作中，我们不妨抽点儿时间回望来路，重温初心，检视得失，不断提升。做出版不是一朝一夕的事。出版即人生。做有价值的出版就是过一种有意义的人生，需要我们出版人经常去体验、回味和沉思。

建设中国式现代化国家靠人才，实现中华民族伟大复兴靠人才。党的二十大把人才的重要性提到了前所未有的高度，明确提出“强化现代化建设人才支撑”。我们出版业要实现高质量发展，当然要靠更多优秀人才的支撑。为此，出版业必须进一步加大人才培养的力度。出版人才的培养当然不是一朝一夕之功，需要有从点滴做起的实干态度，需要有久久为功的定力和韧劲，更要把坚持新时代精神放在首位。希望广西出版传媒集团继续创新出版人才培养机制，积极探索出版人才培养新模式，不断提高出版人才培养质量，为全国出版人才培养提供“广西经验”。

是为序。

2022 年 10 月 26 日

（作者系全国政协第十、十一、十二届委员，中国出版集团原总裁，韬奋基金会理事长）

# 目 录

# 三十年出版生涯，我心依旧

温六零

1977年国家恢复高考，我从农村（上山下乡）考上大学；1982年大学毕业，在一所自治区直属中专任政治理论课教师5年；1987年考上研究生，1990年研究生毕业后幸运地成为广西人民出版社这个大家庭中的一员；1991年获得编辑职称，1995年破格获得副编审职称，2000年获得编审职称。非常幸运，我用不到10年的时间完成了职称晋升三级跳。感谢关心、培养我的各级领导，感谢帮助、指导我的各位老师和同事。往事并不如烟，大家对我的好，我会永远铭记和感恩！

如何做一名称职的编辑，这实在是一篇大文章。尽管做了30年出版工作，当了30年编辑，但我现在仍然觉得忐忑不安、如履薄冰。一方面是因为时代变化太快，需要学习的东西很多，尤其是"互联网+"环境下传统出版面临许多挑战，亟须转型，这完全超出了我们30年前的想象。另一方面是因为我们国家已经从出版大国向出版强国迈进，不仅每年出版图书的数量多达几十万种，而且图书的内容和出版形式丰富多彩，创新的难度很大。你会发现：你想到的选题，别人已经出版上架；你没有想到的选题，别人也早就出版发行。当了30年编辑，却发现自己现在不会做书了！

那么，到底应该如何做一名合格的编辑呢？我想结合自己从事出版工作30年的经历谈几点体会和感悟。

## 一、要有快乐知足的心境和胸怀

研究生毕业时，我本可以分配到自治区党委政研室工作。按照常规，捧着这样的铁饭碗，慢慢升迁应该是没有问题的。可是我婉拒系主任的好意，执意自己找工作，来到了当时坐落于邕江边上南宁市河堤路 14 号的广西人民出版社从事图书编辑工作，而且一干就是 30 年。真的是“三十功名尘与土，八千里路云和月”。好在我没有“等闲白了少年头”，更没有“空悲切”！

当然，社会是现实和残酷的。我入职出版社不久，女儿出世，生活变得非常拮据。我父亲觉得当编辑太忙、太苦、太累了，收入也不高，而作为南宁市郊区矿产公司的经理，他管理下的煤矿老板们富得流油。因此，他提出让我改行经商，做煤炭生意，改善自己的工作环境和生活条件。对我来说，这又是一次机会和诱惑！在 20 世纪 80 年代末 90 年代初，经商是一种时尚。经商让人既能得利，又能成名。这是一种选择，也是一条人生成功的捷径，我的一些同学、朋友就是如此名利双收的。但我拒绝了父亲的好意，继续留在出版社从事我热爱的出版工作。

我们那个年代，外面的世界确实很精彩。我之所以能够在出版岗位上坚持下来，就是因为我把出版当作一件有价值和感兴趣的事情来做，不单纯为名和利。也许这就是所谓的情怀，这种情怀就是一种快乐知足的心境和胸怀。因此，我一点都不后悔我的选择：当我手捧着自己编辑的、还散发着阵阵墨香的新书时，自豪、欣慰和满足之感就会油然而生；当我想到这些代表着人类文明成果的精神食粮满足了人民群众对美好精神文化生活的期待时，就会感到编辑工作的神圣、庄严和伟大！我始终认为，检验我们出版工作成效的根本标准是好书的出版。几十年来，从南宁市共和路 85 号到河堤路 14 号，再到桂春路 6 号，广西人民出版社一代又一代出版人将心血凝聚在页页书香之中，并让这馨香荡漾在广大读者的心坎上；他们的劳动成果化作一笔笔巨大的精神财富，使千千万万读者终身受益！这种成就感、自豪感、幸福感是别人很难理解和体会的。

这就是我对出版情怀的理解和感悟。我认为，要做好编辑工作，需要一定的背景、学识、经验等，但这些都不是最重要的，情怀和态度才是关键！

## 二、要有认真负责、耐心细致、甘于寂寞的工匠精神

我到出版社从事图书编辑工作时已 30 岁，但一切都得从头学起，困难程度可想而知。我虚心向有经验的老编辑和周围的同事请教，向他们学习组稿、审稿、编辑加工、校对、印刷等方面的知识，以练就扎实的编辑基本功。当时，社长夏永翔，总编辑区向明，副总编辑欧薇薇，老编辑王慕冰、潘万伦、欧阳广，校对科主任、资深校对陈红燕，总编室主任邓耘，印制部主任梁冰，以及比我早几年到出版社工作的彭庆国、董苏煌、覃宇、姚丹林等编辑，都给过我很多帮助和指导。他们对我热情关怀、言传身教，毫无保留地把自己丰富的图书编、印、发经验传授给我，使我受益匪浅，少走了很多弯路。这是我难以忘怀的！正是有了领导和同事的关心帮助，初为编辑的我，才从最初的浮躁、困惑和迷茫中走出来，逐步培养起认真负责、耐心细致、甘于寂寞的工匠精神，走上了一条平和、坚韧和充满希望的编辑之路。

1992 年 2 月，我收到了一部自来稿，书名为《科学与政策》，是一本已在各级报刊发表过的论文汇编，作者之一为全国人大常委会委员、民盟中央副主席冯之浚教授，他也是我们广西人民出版社出版发行近 100 万册的《领导科学基础》一书的作者之一，是我国领导科学这门新学科的奠基人。这是一位学术领域的大咖，他的书稿应该怎么编呢？

在时任编辑室主任区向明的指导下，我先对书稿进行了认真审读，发现作者思路开阔、思想解放，书稿资料丰富、学术性强、文笔流畅、有一定的可读性，是近年来难得的研究科学学的学术专著。据此，我写了一份详细的选题论证报告，争取将该自来稿列入出版社的正式选题。然后，我着手对书稿进行了一系列的编辑加工。

首先，我对书名进行了修改。原书名像一篇论文的题目，且比较正统、呆板，缺乏深度和活力，与书稿的内容有一定差距。经过认真研究，由我提出并征得作者同意，把书名改为《计划未来》。因为科学学具有对科学的未来进行预测、规划和辅助决策的作用，而科学技术是第一生产力，人类的未来主要取决于科学技术的发展（这个观点到现在都没有过时）。因此，利用科学学规划、计划科学技术发展的未来，也就是规划、计划人类的未来。修改后，书名与书的内容更加贴近，书名的寓意更深刻，整体显得更为生动、更有气势。

其次，我对书稿的结构重新进行了编排。这部书稿由 20 多篇发表时间不同、内容结构不统一的论文组成。我把这些论文根据其内容进行归纳，重新组合分类，分为“科学学理论”“科技政策研究”“科学与未来”三大部分，引用贝尔纳、威尔逊和邓小平等名人的话作为辑封的文案，点出每部分内容的主题。这样的编排使 20 多篇论文成为一个互相联系、前后统一的整体，使这本书成为一部名副其实的学术专著。

最后，我认真地对书稿进行了编辑加工。例如，对一些篇章的标题做了修改，使其更简洁、准确，并与书名相吻合、协调。为了体现全书的整体性和逻辑性，我去掉了 3 篇内容重复的论文，删去一些错误、不通顺或多余的文字。为使全书的篇幅更紧凑，也为方便读者阅读，我删去了无实际价值的图表、外文注释等，使书稿的文字更加简洁，主题更加突出，可读性也更强。

《计划未来》一书于 1992 年 12 月正式出版后，得到了有关领导和专家的称赞，《中国科技论坛》《科学学与科学技术管理》等全国性杂志及《光明日报》《广西日报》等报纸均发表了长篇书评。在1993年桂版优秀图书评奖中，该书得到了专家评委们的一致肯定，被评为二等奖。该书作者之一冯之浚教授对我的编辑工作给予了高度评价，他在该书序言一开头就写道，该书经过责任编辑的“精心策划、出色编辑，俨然成为一本逻辑清晰、文风统一、浑为一体的著作，这是我们始料未及的快事”。

正是抱着这种认真负责、耐心细致、不计名利、甘于寂寞的工作态度，入社头几年，我又担任了获第七届中国图书奖、1993年桂版优秀图书奖特别奖的《县级领导工作的理论与实践》，获1997年国家级教学成果奖一等奖的《地方综合大学专业结构优化的理论探索与实践》，获1994年第五届全国优秀党建读物二等奖的《纪检监察办案工作指南》，获1992年第四届全国优秀党建读物三等奖的《党风党纪知识问答》，以及畅销书《中国市场经济法律全书》

○《县级领导工作的理论与实践》获第七届中国图书奖

（作者之一为中国政法大学赵振宗教授，这本书在1994年的武汉书市卖断货，销量达1.3万册）、《社会主义市场经济法律知识读本》（销量达30万册）、《国旗在我心中》（销量达5万册）等的责任编辑。这些图书均取得了较好的社会效益和经济效益，多次受到各级领导的肯定和表扬。

领导的关心、同事的帮助、团队的支持、个人的努力，使我顺利地度过了从事编辑工作的最初几年，为我今后的发展打下了良好基础。我虽然在广西人民出版社努力工作了30年，但我仍不敢说自己是一个完全称职的好编辑。唯有一句话：感谢广西人民出版社给了我展示自我和实现自我价值的平台，感谢广西人民出版社的历任领导和同事们对我无微不至的关心和帮助！

## 三、要有丰富的作者资源

作者资源是做好编辑出版工作的重要因素。那么，怎样才能拥有丰富的作者资源，作者资源应该怎么积累，如何最大限度地发挥作者资源的作用？

过去、现在和将来，出版业的竞争都是出版资源和作者资源的竞争。因此，要做一名称职的编辑，就要高度重视出版资源的积累和作者的培养。非常幸运的是，刚到出版社的时候，社长、总编就经常带着我们这些新编辑到全国各地出差组稿、参加学术会议，了解最新的学术成果，捕捉有效的出版信息，结识学术大家和名人，并与他们保持联系。由于当时没有互联网，更没有短信、微信，写信或出差是我们仅有的组稿方式。我们那时候出差，交通可没有现在这么便捷，高铁、动车还没出现，乘坐飞机又不够资格。出差只能乘坐火车，能买到一张普通客车卧铺票，我们就已经非常高兴了。为了给社里节省出差费用，我们住过招待所、小客栈和出差单位的地下室；如果到北方出差，冬天还没有青菜吃、没有热水洗澡……在那么困难的条件下，为了多结识作者，组到好书稿，我们依然对出差乐此不疲。

日积月累，我的出版资源库逐步建立起来，作者队伍也慢慢壮大。我与社科界的许多知名学者建立了良好的合作关系，如著名经济学家于光远，著名经济学家、北京大学教授厉以宁，中共中央党史研究室原副主任李忠杰，为中共中央政治局集体学习授课的中共中央党校原校务委员会委员、副教育长韩庆祥，中宣部思想政治工作研究所原副所长、清华大学教授戴木才，中国社会科学院社会学研究所原所长陆学艺，我国著名马克思主义哲学家、北京大学哲学系教授黄楠森，南开大学哲学系原主任、教授陈晏清，著名党史和民族学研究专家、中南民族大学教授李资源等。这些专家学者为我做好编辑出版工作提供了重要支持。

拥有丰富的作者资源只是开展编辑出版工作的基础，更重要的是要把作者资源转化为出版生产力，转化为一本本精品力作。1999 年春，我到武汉参加一个学术研讨会，通过中南民族大学的领导认识了现在闻名全国的党史和

○ 2013 年 1 月，与多任南开大学哲学系主任合影。左起：陈晏清教授、本文作者、王新生教授、阎孟伟教授

民族学研究专家，当时还是年轻学者的李资源教授，知道他正在带领团队攻关国家社科研究项目“中国共产党民族工作史”。凭着职业敏感，我主动与李教授商谈该项目的出版事宜。双方一拍即合，一年后，由时任中共中央统战部副部长、国家民委主任李德洙作序的《中国共产党民族工作史》正式出版发行，并被列为“庆祝中国共产党诞生八十周年百种重点图书”，获湖北省社会科学优秀成果一等奖。自此，我们开始了近 20 年的友好合作关系，并成为朋友和知己。李教授先后在我社出版了《文明的呼唤——中国少数民族传统伦理道德研究》（列入广西“十二五”重点出版项目）、《共同发展　共同繁荣——新中国成立以来党的民族工作理论与实践研究》（被国家新闻出版广电总局列为庆祝新中国成立 65 周年重点出版物，获国家出版基金资助，获湖北省社会科学优秀成果一等奖）、《壮丽华章——中国共产党与少数民族抗日斗争研究》（被中宣部、国家新闻出版广电总局列为“纪念中国人民抗日战争暨世界反法西斯战争胜利 70 周年重点选题”）。这些图书影响很大，初步奠定了我社主题出版的基础。

我与李教授的故事，一方面说明作者资源的重要性，有了作者资源就等于有了出版资源，没有作者资源的编辑就像“巧妇难为无米之炊”；另一方面说明作者资源需要不断培养和维护，要与作者经常往来和沟通，多替作者着想，多为作者解难，千万不要做“一锤子买卖”。同时，编辑要不断提高自己的学术水平和素养，及时了解、学习最新的科学研究成果，这样才能拉近与作者的距离，更好地与作者沟通交流，作者才会信任你，愿意把书稿交给你和出版社。

非常荣幸的是，在全国，与我亦师亦友的知名作者还有很多，如区外的陆学艺、冯之浚、韩庆祥、董振华、王新生、牛先锋、公茂虹等，区内的张敦、陈立生、李振唐、李海荣、唐秀玲、梁金荣等。丰富的作者资源使我在竞争

○ 2020 年 6 月，中央党校专家工作室领衔专家韩庆祥（右三）和广西出版传媒集团总编辑张艺兵（右四），本文作者（右一），广西人民出版社总编辑韦鸿学（右五）、理论读物出版中心主任吴小龙（右六）、编辑刘艳（右二）合影留念

激烈的出版市场中如鱼得水，屡有突破和收获。

## 四、要有敬业精神、职业精神和专业精神

有人说，干出版工作的人都是一些有“神经质”的人。我把这种“神经质”理解为敬业精神、职业精神和专业精神。没有这三种精神做不好出版工作，也绝对当不好编辑。这三种精神是对每一个出版人最基本的要求！一路走来，我不敢说自己已经完全做到了，但我总在不断地体会和践行这三种精神，并不断为此付出努力。

30年的编辑生涯使我认识到，选题策划要有高度的政治敏锐性和前瞻性、计划性，而这需要敬业、职业和专业精神。作为党社的一名编辑，我以敬业、职业、专业的精神主动策划和组织出版了不少相关的图书，如《邓小平理论：社会主义运动史上的第三次飞跃》、《邓小平党的基层组织建设理论与实践》（获第十二届中国图书奖），“‘三个代表’重要思想研究书系”（获桂版优秀图书奖一等奖），《图说〈中国共产党章程〉》（时任自治区党委常委、宣传部部长沈北海四次做出专门批示，自治区党委组织部、宣传部联合编著，发行30万册，时任自治区党委组织部部长、后来的自治区政协主席陈际瓦专门接见了我和该书编辑团队成员），《解读中国梦：一个古老民族的百年梦想》（这本书从策划到出版只用了半年多时间，入选广西第十三届精神文明建设“五个一工程”，发行3万册）。

此外，我还以职业的敏感性和专业性，紧跟形势的发展，为服务党和国家的工作大局组织策划出版了一系列主题图书，取得了良好的社会效益和经济效益。《震惊世界的广西农民——广西农民的创举与中国村民自治》入选广西第十一届精神文明建设“五个一工程”；《中国走社会主义道路为什么成功？》入选国家新闻出版广电总局庆祝新中国成立65周年重点出版物，并被翻译成英语、法语、俄语、西班牙语、葡萄牙语、土耳其语、越南语、波斯语等8个语种面向全球读者出版发行；《南海丝绸之路与东南亚民族经济文化交流研究》获得2015年度国家出版基金资助，获评广西出版传媒集团2015年度优秀出版物；《马克思的上层建筑理论：文本、解释与现实》获得2017年度国家出版基金资助，获评广西出版传媒集团2017年度优秀出版物；《中国道路的文化基因》入选迎接党的十九大精品出版选题，获2018年度国家出版基金资助。

以上每一个选题的策划、组稿、出版都有故事。在这里，我只与大家分

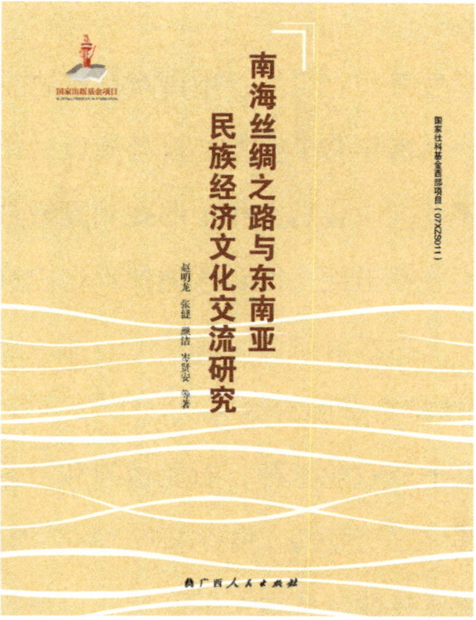


○《南海丝绸之路与东南亚民族经济文化交流研究》

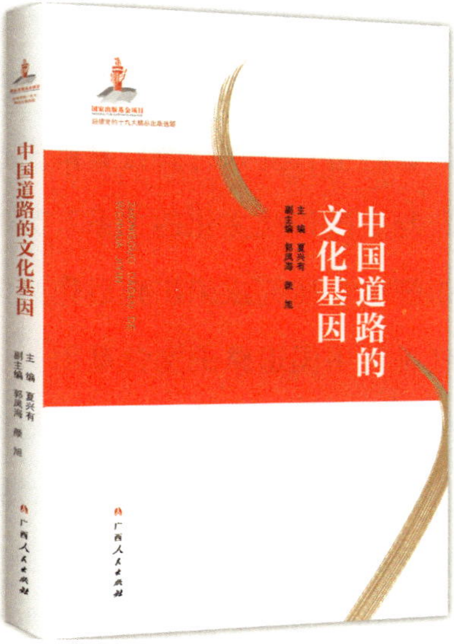


○《中国道路的文化基因》（第三版）

享《南海丝绸之路与东南亚民族经济文化交流研究》和《中国道路的文化基因》这两本书策划、组稿的故事。

2013 年 11 月，《南国早报》上刊登了一篇豆腐块大小的报道，说广西社会科学院的国家社科规划重点项目“南海丝绸之路与中国 - 东南亚民族经济文化交流”完成研究，已经上报国家社科规划办公室评审。这篇报道透露了两个信息，一是该项目为国家“一带一路”倡议提供了理论支撑；二是南海丝绸之路的形成比陆上丝绸之路早了 800 年左右。我立即打电话给当时的广西社科院院长吕余生，了解到该项目负责人之一是我的老朋友赵明龙（时任广西社科院民族研究所所长），又马上与赵所长联系，最终达成了在广西人民出版社出版该研究成果的合作意向。该成果于 2016 年 6 月以《南海丝绸之路与东南亚民族经济文化交流研究》的书名正式出版。一篇报纸上的短消息，成就了一本获得国家出版基金资助的图书。

2015年夏，中国人民解放军国防大学教育长、少将，中国辩证唯物主义研究会副会长夏兴有教授到南宁参加一个学术年会。会上，夏教授以“中国道路与中国传统文化的关系”为主题做了发言。会后，我主动找到夏教授，商谈把这个研究成果扩充后作为学术专著公开出版，得到了他的肯定。这本书就是《中国道路的文化基因》。参加一个学术研讨会，成就了一本入选中宣部重点主题图书出版目录和获得国家出版基金资助的图书。

这些故事说明，要当好一名编辑，离不开敬业精神、职业精神和专业精神。敬业，就是要对所从事的工作兢兢业业、任劳任怨、精益求精、呕心沥血、恪尽职守；职业，就是要有职业理想、职业技能、职业纪律、职业道德、职业作风；专业，就是要严谨认真、耐心专注、遵守规范、注重细节、讲究品质。当然，这也许过于苛刻，要完全做到非常不容易，但要做一名称职的编辑，这些精神和态度是不可或缺的。有人说细节决定成败，但我认为态度决定一切。你可以不成不败，但这种态度却可以决定你的一生。

## 五、要有文字写作和学术科研能力

很多人在评价我们出版人，特别是图书编辑时，都喜欢用这么一个词——“眼高手低”。具体来讲，就是有的编辑在评论书稿时，常常眼光挑剔、要求苛刻，好像世界上只有自己能写出好作品，别人都不行。一些编辑在修改书稿时，自认为掌握了书稿能否出版的“生杀大权”，想怎么改就怎么改，手下毫不留情。可是，他们写书讯、书评时，却经常词不达意、错漏百出，有的甚至连审稿意见也写不好；评职称时，要他们发表出版专业方面的论文好像比登天还难，很多编辑也因此耽误了自己的职称晋升。因此，我希望编辑不断提高自身的文字写作和学术科研能力。“磨刀不误砍柴工”，要舍得花时间多学习、多实践、多钻研，通过提高文字写作和学术科研能力，促进策划组稿、文案拟订、编辑加工、宣传营销等水平的提高，增强我们的编辑出版能力。

30年来，我利用业余时间坚持学习钻研，并结合工作实际撰写书评、书讯和出版业务相关论文以及学术著作，不断提高自身的出版业务水平。其中，个人独立撰写并发表各种专业论文、书评、书讯等50多篇。论文《关于克服腐败现象的几点思考》被评为全国报纸理论宣传优秀文章；论文《关于如何做好新时代主题出版工作的认识和思考》获中国编辑学会第二十届年会学术论坛征文一等奖；论文《牢牢把握国有文化企业改革发展的大方向》被中国历史唯物主义学会评为全国优秀理论成果一等奖；论文《坚持把社会效益放在首位，实现社会效益和经济效益相统一：广西人民出版社抓好主题出版工作的主要做法和尝试》获得2016年全国国企管理创新成果和优秀论文（论文类）二等奖，是广西出版系统唯一入选和获奖的论文；论文《关于选题策划的几点思考》获得第四届广西出版科研论文三等奖；论文《坚持把社会效益放在首位：基于国有文化企业改革发展的视角》被广西出版协会推荐参加第六届中华优秀出版物奖全国优秀出版科研论文奖评奖；论文《不缺位、不越位，充分发挥基层党组织在国有文化企业的政治核心作用：广西人民出版社基层党建和思想政治工作纪实》获得广西区直机关基层思想政治工作优秀案例三等奖。与人合作出版有《社会科学方法论》《中国社会主义政党制度》《成功选题策划启示录》等专著。文字写作和学术科研水平的提高，增强了我在策划组稿、书稿审读、文件把关、宣传营销等方面的信心和能力，对我做好编辑工作起到了极大的促进作用。

30年编辑生涯弹指一挥间。“再回首，背影已远走；再回首，泪眼蒙胧……

不管明天要面对多少伤痛和迷惑。曾经在幽幽暗暗反反复复中追问，才知道平平淡淡从从容容才是真。再回首恍然如梦，再回首我心依旧，只有那无尽的长路伴着我。”我很喜欢《再回首》这首歌曲，它唱出了在纷繁迷离的社会中，每一个人都应该保持自己的一份执着和定力，都应该有一份平平淡淡、从从容容的平常心。我深有同感，因为这种平常心对新时代从事编辑和出版工作的人来说尤其珍贵。

我国著名作家、翻译家杨绛先生说过：“我们曾如此渴望命运的波澜，到最后才发现：人生最曼妙的风景，竟是内心的淡定与从容。”今天，无论时代如何发展变化，外面的世界如何精彩，选择编辑行业，我无怨无悔！再回首，30年出版生涯，我心依旧！

（本文作者系广西人民出版社原社长）

# 薪火相传，感恩前行
## ——回顾我在广西美术出版社的工作经历

邓　欣

广西出版事业已经成果斐然，新人辈出，现正迈向新纪元。广西出版是如何拼出佳绩的，又将如何传承和发展？这是我们要了解、要思考的问题。

2020 年 12 月，广西美术出版社迎来 30 周岁生日。它是如何从无到有，从小到大，从弱到强的？广西美术出版社这段“薪火相传，感恩前行”的历程，也是广西出版艰苦奋斗、脚踏实地、守正创新的一个缩影。

## 一、薪火相传：回顾广西美术出版社异军突起之路

在改革开放的浪潮中，广西美术出版社于 1990 年 12 月 16 日正式挂牌成立。它由广西人民出版社和漓江出版社的美术图书出版团队整合而成。这些经验丰富的编辑敢为人先，曾策划出版在全国美术图书市场中影响巨大的《油画艺术人体大展作品集》，所以在美术出版方面有扎实的基础和较高的起点。广西美术出版社建社之初，全社只有 30 多名员工、少量美术图书库存及二三十万元生产经营资金，起步的困难可想而知。尽管创业条件很艰苦，但出版社的老前辈们团结协作打天下，取得了傲人业绩。

首先是上文提到的《油画艺术人体大展作品集》。它的出版，是改革开放中，中外艺术文化打开交流之窗的一个信号。该书的出版得到美术界的高

度肯定，为广西美术出版社赢得优质出版资源开了个好头。之后，社里的各项工作就围绕这三件事展开：找米下锅，找砖建房，找钱出书。

1991年，广西美术出版社出版了第一本挂历《祝你胜利》。其实，国内最早出版挂历的是上海的出版社，取得了较好的社会效益和经济效益。受到启发后，广西美术出版社决定尝试这类“短平快”出版物。为了严把政治导向关、价值取向关、艺术风格关，确保挂历质量，社里十分用心地进行了策划、设计、审编校等。在领导班子带领下，编辑、校对、装帧设计、印制等部门高效配合，广西美术出版社顺利开发了挂历这一产品线，每年出版的挂历品种都很丰富。1992年，《祝你胜利》获第二届桂版优秀图书奖一等奖。那时，广西美术出版社的挂历年销售额非常可观，这为“找到买米、买砖头、出书的钱”打下了基础。

接下来，广西美术出版社领导班子一拍即合，确定了非常重要的发展方向，那就是以义务教育美术教材为龙头，打造“大艺术”范畴的教材出版阵地。1992年，广西美术出版社便开始了教材出版阵地建设的漫漫之路。1998年，经教育部审定通过，广西美术出版社开发的小学、初中美术教材成为国家级教材，这在广西美术出版社发展历史上是极其重要的里程碑。至今，广西美术出版社已经开发了从幼儿园至高校的美术、书法、音乐等艺术教材，其中美术教材一直是立社之本，对普及美育发挥了积极作用，影响了几代人。

在努力建设艺术教材出版阵地的同时，有着深厚艺术底蕴的广西美术出版社也开始大刀阔斧地推进美术类市场图书的出版。在甘武炎社长、唐石生总编辑的带领下，编辑们凭借敏锐的“书感”去寻找市场上最有需求、最值得出版的选题，并以最大的努力去完成每一个选题。比如出版了《1949—1989中国美术年鉴》一书，让广西美术出版社的社会影响力迅速扩大。当时，国内还没有一本概述中国当代美术发展史的图书。这本书首次梳理了中国当代

○ 广西美术出版社出版的《义务教育教科书：美术》七年级上、下册

美术发展的概貌，填补了 1949 年至 1989 年中国美术发展史梳理研究的空白，对我国当代美术的发展有着极其重要的意义，也成为广西美术出版社文化积累道路上非常有分量的一块基石。这本书出版后获得第四届桂版优秀图书奖一等奖、1993 年度广西精神文明建设“桂花工程”提名奖。同样“双效”（社会效益、经济效益）俱佳的市场图书还有《中国油画百年图史 1840—1949》和《世界美术大图典》，前者荣获第三届国家图书奖提名奖和第七届桂版优秀图书奖特别奖，后者荣获 1994 年度广西精神文明建设“桂花工程”提名奖。这些图书都在一定程度上填补了艺术研究领域的空白，成为各类艺术家和万千艺术爱好者认识、学习中国美术史及世界美术史的必读权威资料。

广西美术出版社第一代领导班子高瞻远瞩、谋划全局，还开拓了美术基础工具书、技法书、设计类图书等重要产品线。这些产品线上，既有深耕多年的国内原创图书，也有精心挖掘的优秀引进版图书。如引进版权后于 1994

年出版的《大英视觉艺术百科全书》，这是一套权威的世界美术全集，能让读者拓宽眼界，全面了解世界美术的历史与发展，成为美术专业人士的必备案头书。这本书先后再版 6 次，市场反响非常好，为广西美术出版社的引进版图书赢得了声誉。除此之外，还有《西洋素描选》《世界风景画选》《世界肖像绘画选》《世界人体绘画选》，以及“大师经典素描”丛书、“基础图案设计”丛书、“现代设计基础教材”丛书等一批畅销好书，让当时广西美术出版社的图书市场占有率位居全国美术出版社联合发行集团的前列。

一本本经典图书累积下来，广西美术出版社逐渐树立了自身品牌。具备了一定的出版实力后，便可筑巢引凤。齐白石、傅抱石等著名艺术家的作品选题就是在这种情况下被广西美术出版社争取到的。齐白石是近现代中国绘画大师，他的作品已成为中国宝贵的艺术财富。齐白石生前担任过北京中国

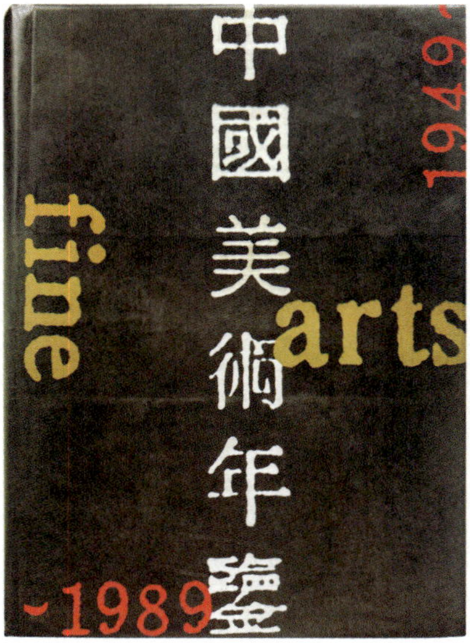


○《1949—1989 中国美术年鉴》

○《大英视觉艺术百科全书》

画院（今北京画院）的名誉院长，所以在他去世后，家属将他保存一生的珍贵作品悉数捐献给了北京画院。北京画院因而成为收藏齐白石作品数量最多、最完备的美术机构。当时，北京画院邀请广西美术出版社的唐石生总编辑到北京协商如何更好地研究、展示、推广齐白石的艺术作品，最终他们决定由广西美术出版社来出版《北京画院秘藏齐白石精品集》。这套书将2000余件齐白石作品分为几大专题，通过一件件作品展示他艺术创作的特色，还原他的艺术人生。这套书于1998年出版，获第四届国家图书奖提名奖，一直被奉为经典。傅抱石也是知名国画大师，还是位学识渊博的学者。当时，多家出版社都在争取出版他的作品集，竞争很激烈。在陈履生老师的牵线搭桥下，傅抱石的家人最终与广西美术出版社达成了出版《傅抱石全集》的意向，这不仅基于广西美术出版社在业界的良好口碑，更与广西美术出版社老一辈领导真诚待人、积极争取的做人做事精神有很大关系。《傅抱石全集》于2008年出版，并获第十七届“金牛杯”优秀美术图书金奖。1998年，吴冠中先生利用参加其他活动的空当，绕道到广西美术出版社参观指导，并给出版社题词“庖丁善解牛，慧眼识美丑”。他甚至主动提出在广西美术出版社出版“吴冠中美文美画系列”丛书等。现在这些书为藏书家所珍爱，一书难求。而对待青年艺术家，广西美术出版社的老领导、老编辑们也秉持以人为本、惜才有道的态度，给予关注和支持。比如支持“新文人画”艺术家团体中的田黎明、刘进安、唐勇力等人的创作，为他们策划出版个人作品集。如今，他们中不少人已成为知名的艺术家。拥有一支庞大、优质的作者队伍，是出版事业长盛不衰的要素之一。广西美术出版社做到了，他们与作者是思想契合的同道，是情感互动的诤友，是互利共赢的伙伴。

广西美术出版社能够健康茁壮发展，离不开坚强的领导核心。广西美术出版社老一辈出版人艰苦努力，都有无私无悔的奉献精神。而作为领头羊的

○ 《傅抱石全集》

○ 吴冠中先生为广西美术出版社题词“庖丁善解牛，慧眼识美丑”

领导班子始终把集体的生存发展摆在最重要的位置，事无巨细，劳心劳力，心无旁骛；他们把个人的艺术追求、兴趣爱好暂时搁置，将画笔颜料束之高阁，无怨无悔地为出版事业奉献最美好的年华，直到退休后才重执画笔。2002 年，人民美术出版社原总编辑刘玉山为广西美术出版社出版的《线集》作序，他写道：“在出版社的编辑出版和经验管理上，他们（广西美术出版社的领导班子）也是思路独具，出手不凡。不几年，这个出版社就像一匹黑马，在中国美术出版界脱颖而出，令业内同行刮目相看。”世界上没有无缘无故的成功，广西美术出版社能取得今天的成绩，是经历风雨咬牙坚持的结果，是团结一心敢闯敢拼的结果，也是伟大时代孕育生机的结果。

## 二、感恩前行：“先学做人，再学做书”的个人成长之路

我一直觉得自己很幸运，在广西出版崛起的时代，在老前辈的关心爱护、谆谆教导下成长为一名合格的出版人。我拥有的各种出版资源、工作经验和做人做事准则，都与广西美术出版社的前辈们息息相关，这是一种宝贵的传承。对此，我心怀感激。

1993 年，我进入广西美术出版社广告公司，除了广告公司的业务，还参与了《瓷砚赏析》等图书的出版工作，老前辈们专业、严谨、苦中作乐的精神和真诚待人的品格对我影响很大，让我受益终身。

1997 年，我正式入职广西美术出版社，当时的工作是图书发行。那时候做图书发行都是靠自己的双手扛书、靠自己的双脚走访客户，不像现在这样有 QQ、微信等便捷的通信工具，有高铁等先进的交通工具。因为我学的是美术专业，所以兼做与图书宣传推广有关的平面设计工作，如设计宣传单、征订单、手提袋，进行展位设计等。

当时，广西美术出版社的老领导是这样教导我的：“出版社里有很多分工，有编辑、校对、印制、发行等。各部门紧密联系，共同组成出版社这个大集体。不要把图书发行当成普普通通的卖书工作，要知道你的工作对出版社是很重要的。当你向外界推销图书的时候，也是在把出版社介绍给外界；你如果记录下读者对图书的意见和建议，以后就知道该做哪种类型的图书。”现在回想起来，在发行部工作的经历，对我日后的编辑工作乃至领导岗位的管理工作确实都具有很重要的意义。我在直接接触市场的过程中，学会了如何了解市场，这对策划图书、配合发行部推销图书等工作帮助很大。所以我建议编辑，特别是年轻编辑，即使没有机会在发行部工作，也要多和发行部同事沟通，这对自己的编辑工作非常有用。

1999 年下半年，因工作需要，我去了《阳光之旅》杂志部工作。除了杂志整体设计工作，我还参与稿件编写、活动策划、跟机制版和印刷等工作，几乎全年无休。这段经历虽然只有一年多，但对我后来参与教材开发工作有很大帮助，尤其是跟机制版工作让我对纸张和印制流程都非常熟悉。记得印刷杂志创刊号时，我就住在印刷厂招待所，每隔一个多小时就跑到车间微调色彩、签样。我认为这也是编辑很重要的基本功，所以建议编辑多向印制部同事请教，多到印刷厂跟机。

从 2001 年开始，我先后参与了大纲版美术教材修改、新课标美术教材立项开发及后续示范课录制、教师培训等工作。广西美术出版社的教材教辅可分为三个部分：第一部分是教育部审定通过的美术教材，它们是广西美术出版社重要的经济支柱；第二部分是地方教材，如先后三个版本的写字、书法教材；第三部分是与美术、书法教材配套的教辅图书。它们都是由相关学科的优秀教育专家及一线教师编写的原创教材教辅，是老前辈为广西美术出版社打下的坚实基础。在教材教辅出版工作中，我进一步理解了分工协作的重要性，意识到团结合作的决定性作用。我也是在教育室（后更名为第二编辑部）成长为副主任、主任直到副总编辑的。2002 年，部门增加了新的编辑力量，延续了团结友爱、拼搏进取的氛围，大家相互学习、相互帮助，把智慧和朝气都汇集到一起，拧成一股绳，把传帮带的优良传统延续下来，圆满完成了一个又一个重要的项目。

除了教材教辅出版工作，我还参与了一些国家出版基金项目的出版工作，如《中华印迹——中国印章功用和美学通史》《喜马拉雅天珠》《中国梅瓶研究》等。

进入 21 世纪，新的科技革命掀起数字化浪潮，也给出版行业带来了挑战。我抓住出版“互联网 +”的思路，结合教材出版的实际情况，坚定了要在广西推进数字化美育装备开发工作的决心。2017 年起，在广西出版传媒集团领导的支持和帮助下，我的团队对当时贫困地区的学校进行了调研，经过一年的努力，探索出“美育数字教室”这一方案——用多媒体教学课件的形式，将课程理念、教学设计、优质资源、数字装备融为一体。这个方案的可行性很高，一些非专业的乡村教师只参加了一天的培训，就掌握了操作技术和授课要领。通过观摩测试实况，各级专家、一线教师均对这套装备给予肯定，认为它有助于解决师资力量匮乏等原因造成的各地区艺术教育发展水平不均衡的问题，还可以运用数字化手段为广西教育薄弱的地区提供更多的服务，如拓展翻转课堂、丰富课外兴趣班等。在团队的共同努力下，这套美育数字装备逐步打开了销路，在使用学校引起了强烈反响。

回顾在广西美术出版社工作的这些经历，我最大的感悟就是“先学做人，再学做书”。

要做一个懂得感恩的人。懂得感恩是一种品德，它与能力、魄力、情怀一样重要。对于企业而言，上至领导，下至员工，只有懂得感恩，关系才会融洽，团队才有合力，工作才会愉快，效率才能提高。对于个人而言，感恩是一种处世哲学，是工作中的万能胶，它能让合作伙伴亲近你、帮助你。一个人不管有多大能力，力量总归是有限的，只有把自己融入集体，才能够使个人能力得到最大限度的发挥。有了同事们的积极配合、精诚协作，工作才能够做得又好又快。

“感恩”“付出”“回报”等人性化的企业管理理念属于非制度管理范畴，应该是润物细无声的，这些理念所形成的约束力和凝聚力有别于制度管理，它表现为人与人之间的和谐及企业对员工的关爱。这是一个潜移默化、从量变到质变的过程，会让员工的内心深处产生爱岗、爱企业的情感，这样的爱会让他们为企业全身心付出。

回顾自己的职业生涯，我非常感谢社里社外的老前辈，他们无私地指导、帮助我，使我在成长的过程中少走了很多弯路。我还要感谢那些合作过的同事，他们认真负责，为一个又一个工作任务奉献了智慧与热情，和我一起克服工作中遇到的种种困难。对此，我都心怀感激。

要做好书，先学做人。愿出版事业薪火相传，一代人接一代人，青出于蓝胜于蓝！

（本文作者时任广西美术出版社副总编辑，现任广西出版传媒集团出版部副主任）

# “十四五”规划背景下出版的定位、逻辑和视野

卢培钊

当前，出版社正在积极制定“十四五”规划，布局未来五年高质量发展。在新的发展阶段，出版行业如何适应新的发展要求，构建新的发展格局，需要从宏观与微观多个层面进行思考。借助“社长总编辑谈做书”沙龙活动这个机会，我结合自身出版工作实践，从出版定位、出版逻辑和出版视野三个维度，谈一谈对出版行业发展粗浅的认识和理解。

## 一、重新审视专业化的出版定位

定位、目标与战略是制定企业中长期规划时需考虑的重要问题，其中定位问题尤为重要。无论是出版机构还是编辑个人，都需要从专业化的角度重新审视、梳理、明确自身的出版定位。如果定位不明确，目标就会不切实际，战略规划更无从谈起。

### （一）标识出版专业分工

专业分工是出版定位的细化，出版社需要对自己的专业定位进行精确标识，对各自的细分市场进行准确表述，在这个问题上，任何的语焉不详都意味着出版规划系统性的缺失。出版社要在明确专业方向的前提下，坚守出版

定位，推进系统布局，培育核心产品，实现专业、系统、垂直的目标。

2018年11月，中央全面深化改革委员会第五次会议通过的《关于加强和改进出版工作的意见》中提出，要培育一批“专、精、特、新”的中小出版机构。对于单体出版社而言，突出专业与特色，既是发展目标，也是发展路径。出版社的专业化程度越高，生存和发展的空间越大，这已经成为一个共识。国际上著名出版集团的专业化分工历来是十分明晰的，比如培生专注教育出版，爱思唯尔专注学术出版，企鹅则擅长大众出版。中国的出版机构，尤其是地方出版社，从成立伊始就是以专业命名，分工向来十分明确，可以说专业化是与生俱来的。但是，当前不少出版社定位模糊，产品结构杂乱，选题跨界、跟风、严重同质化，质量平庸，缺少精品。出版机构需要在专业出版、教育出版、大众出版三个分类中，重视审视、校正、标识自己的专业定位，心无旁骛地在擅长的专业细分领域持续发力，久久为功，才能形成竞争优势，实现高质量发展。

在当前的行业现实环境中，不少出版社同时经营专业、教育、大众三个板块，特别是对教育板块（教材教辅）有较大的依赖。尽管如此，出版社经营者必须保持清醒，处理好“养家糊口”与“安身立命”之间的关系，坚守出版定位，牢记主攻方向，并将出版定位坚定地体现在产品布局上，落实到具体选题中，以专业化为目标，调整结构、配置资源、拓展市场。最为重要的是坚持有所为有所不为，将有限的人力、财力、物力集中到核心板块，形成专业突出、特色鲜明、传承有序的产品布局。同时，必须清醒看到，即使是最优秀的出版社，也不可能在其专业范围内的所有领域都形成优势，因此，出版社需要进一步锁定若干个垂直领域作为主攻方向，实现产品的垂直化。一个成熟的出版社必定在某个垂直领域拥有标志性的核心产品，如商务印书馆的“汉译世界学术名著丛书”、汉语工具书系列，中华书局的古籍整理系列等，这些核心产品不仅具有较高的文化价值，产生了品牌效应，同时也带来可观的、稳定的经济效益。出版社的垂直化可以在学科分类、读者群体、产品形态等多个领域实现，本质上是资源的不可复制、产品的无法替代，最终以品牌加以固化，以知识产权加以保护，形成竞争壁垒。

### （二）提升编辑的专业能力

出版社的专业定位明确之后，编辑的专业能力就成为图书品质的决定因素。编辑的专业能力，一方面是指编辑的知识谱系与学科背景，另一方面是指编辑在出版工作的策划、编校、营销等方面的专业素质。在专业化的出版机构中，编辑个人也要确定自己的出版定位，明确专业方向，提升专业能力。

从事编辑工作，学科背景与专业积累尤为重要。编辑在接受高等教育期间的学科专业基础越扎实，未来的职业成长空间就越广阔。编辑需要时刻审视自己的学科专业，对学科发展始终保持高度关注，不断强化学科素养，这样才能在与本专业相关的出版工作中有更大的作为。回顾出版史不难发现，一代出版大家往往在某个学科领域具有极高的学术造诣，既是出版家也是大学问家，如中华书局的杨伯峻、周振甫、赵守俨、傅璇琮诸先生，均是学者型编辑的典范。杨伯峻先生在古籍整理、注释和译注方面成就非凡，他的《论语译注》《孟子译注》都是同类书籍中极为权威的读本，在学术界和读者中享有盛誉；周振甫先生在古典诗词及古代文论方面造诣颇深，著有《周振甫文集》等数百万字的作品，在学术界颇有声望，他为钱钟书先生编辑《管锥编》时留下一段佳话，成为出版史上的美谈。可见，学识渊博、学问精深是出版大家的重要品格。

编辑的学科背景与从事的编辑方向相匹配，这是一种理想的状态，但在实际中，编辑工作不可避免出现跨学科的情况，即便如此，只要潜心钻研，用心经营，仍然可以在跨学科领域策划、编辑出一流的产品。2006 年，广西师范大学出版社中文专业的编辑龙子仲接手了刘力红撰写的一本名为《伤寒论导论》的书稿，他敏锐地看到了这本陌生而艰深的中医学术著作独特的出版价值。他深入中医领域进行研究与思考，提出极为重要的出版意见，用心编辑，精心打磨，把这部普通的医学书稿成功打造为现象级的经典畅销作品——《思考中医》，引发了全国性的中医文化思潮，表现出一个优秀编辑应具备的广阔学术视野和敏锐出版眼光。

虽然编辑工作意味着涉猎广泛、门类复杂，但是编辑必须克服出版的“游击主义”。如果出版社定位模糊、体系杂乱，就会导致编辑盲目地抢选题、做选题，使得有的编辑终其一生都不大清楚自己要做成什么。编辑工作要打深井而非挖浅坑，与其花同样的精力去挖无数的浅坑，不如用一生的精力打一口深井，在锁定的方向深度挖掘，持续发力。编辑应该强化“代表作”意识，精心打造代表自己编辑职业水准的优质产品，为读者奉献精品力作。当前的经济社会发展为精品出版创造了良好的条件，也提出了新要求，出版人要增强紧迫感，把握机遇，乘势而上，努力做到定位精准、专业精深。

## 二、完整把握新发展阶段的出版逻辑

出版业具有鲜明的意识形态属性、文化属性和产业属性，因此，出版逻辑内含政治逻辑、文化逻辑和产业逻辑，三者互相依存、不可割裂。在新的发展阶段，出版基于政治、文化、产业层面的内涵和要求不断丰富、发展、变化，我们需要完整理解和准确把握。

## （一）把握政治逻辑，守好意识形态主阵地

出版工作是党的宣传思想文化工作的重要组成部分，要服务于建设具有强大凝聚力和引领力的社会主义意识形态，巩固全党全国人民团结奋斗的共同思想基础，这是出版业的政治逻辑，也是出版业必须担负的使命任务。

把握出版的政治逻辑，要坚持两个基本维度。一是要守好意识形态主阵地，必须牢牢把好意识形态关和质量关，不仅要对书稿内容进行甄别把关，对作者背景、言行、立场也要掌握，守住出版的底线、红线、生命线。二是担当宣传思想工作的使命任务，坚持马克思主义在意识形态领域的指导地位，坚定文化自信，坚持以社会主义核心价值观为引领，围绕举旗帜、聚民心、育新人、兴文化、展形象的使命任务，以优秀出版物满足人民的精神文化需求，这是出版工作的出发点和落脚点。

把握出版的政治逻辑，要抓好重大主题作品出版传播。当前，主题出版已经成为中国特色社会主义出版业的重要组成部分。作为社会效益考核的重要指标，主题出版的要求越来越高。按照国家“十四五”出版规划的要求，下一步主题出版的任务包括阐释习近平新时代中国特色社会主义思想，反映马克思主义中国化时代化大众化研究成果，深化社会主义核心价值观宣传教育，推出一批以倡导新时代思想观念、精神面貌、文明风尚、行为规范为内容的优秀出版物，推出一批促进人的全面发展、提高未成年人综合素质的少儿读物等。同时，要精心组织“十四五”期间重要时间节点的出版工作，围绕党的二十大、毛泽东诞辰 130 周年、中华人民共和国成立 75 周年、邓小平诞辰 120 周年、中国人民抗日战争胜利 80 周年等专题，提前布局，提早策划，努力打造主题出版精品图书。

## （二）把握文化逻辑，聚焦文化强国重大任务

出版的本质是传播文化、传承文明。出版工作要围绕社会主义文化强国总目标开展，在提高社会文明程度、提高国家文化软实力的总任务中扮演重要角色，这既是出版的文化逻辑，也是社科、科技、文艺、教育、少儿等各个出版门类未来的重点方向。

第一，要聚焦中国特色哲学社会科学建设。

习近平总书记指出，哲学社会科学要解决重大理论和实践问题，体现中国特色、中国风格、中国气派。可以预见，未来五年，哲学社会科学领域的丰硕成果将为社科出版提供更多的源头活水。社科出版要紧扣时代之需、人民之需、国家之需，体现鲜明的时代特征、问题导向和创新意识，密切跟踪学科建设的前沿和动态，助力推进学科体系、学术体系、话语体系建设和创新，特别要关注传统学科、新兴学科、前沿学科、交叉学科等具有原创性、开拓性的最新研究成果，密切关注国家社科基金等重要的“风向标”，密切关注重点项目和作者团队，既要关注热门领域，也要关注冷门绝学。选题策划要聚焦经济社会发展中具有全局性、战略性和前瞻性的重大理论与实践问题，基础研究成果要有较高的学术思想价值，应用研究成果要有较强的决策参考价值。

第二，要聚焦服务国家科技创新。

国家创新能力根植于知识创造、汇聚与传播及其生态环境，科技出版必须增强使命感、紧迫感，全力服务国家创新发展。一是引领科技学术成果出版，加强基础性、前瞻性和战略性科技学术著作的出版工作，积极对接基础科学研究领域和重点领域，如信息网络技术、智能制造、现代农业、能源、环保、海洋和空间、智慧数字等领域的重要成果。同时，要培育世界一流科技期刊，形成一批具有国际竞争力的期刊品牌。二是大力宣传科学家精神，深入挖掘

优秀科学家的学术思想、人生积累和先进事迹中蕴含的精神财富，多形式、全方位讲好科学报国故事。三是推动科学普及，持续针对青少年、农民、城镇劳动者、领导干部与公务员四类重点读者人群进行相关科普选题策划，重构科普出版生态，加强国内原创少儿科普图书出版，加大与博物馆、科技馆、研究院等机构的合作力度，实现题材中国化、制作精品化、产品套系化、营销精准化。

第三，要聚焦现实题材文艺创作生产。

以人民为中心，加强现实题材创作，不断推出讴歌党、讴歌祖国、讴歌人民、讴歌英雄的精品力作，是当下文艺出版的一项重要使命。现实题材创作与出版是需要文学界和出版界密切合作、共同完成的一项长期而重要的任务，可以说，作家和编辑是“一根藤上两枝花”，一部优秀的文学作品的出版，是作家与编辑共同努力的成果。编辑要密切追踪作家创作动态，以专业的态度参与其中，同时还要提高敏锐度，培养对现实题材进行二次开发的能力。如广西科学技术出版社出版的反映中国赴利比里亚维和警察先进事迹的报告文学作品《西非时间》、反映广西地矿队伍挖井找水感人故事的报告文学作品《甘泉》，就是由之前已经出版过的工作文集激发出新的创意，从而约请知名作家深入采风，进行二度创作而成的。作为地方出版社，要紧扣地方素材以体现时代风貌，要善于以小切口反映大主题。

第四，要聚焦弘扬中华优秀传统文化。

中华优秀传统文化是最深厚的文化软实力。出版社要坚持创造性转化、创新性发展，在弘扬中华优秀传统文化方面发挥重要作用，出版一批展示中华优秀传统文化中具有当代价值、世界意义的文化精髓的重点出版物，推出一批具有基础性、集成性、应用性的古籍数字化重点项目。一是围绕地方文物古籍保护、研究与出版进行选题策划，加强古籍数字化开发利用；二是围绕地方重要文化和自然遗产、非物质文化遗产系统性保护进行选题策划；三是围绕当地民族优秀传统手工艺保护和传承进行选题策划；四是结合地方特色，围绕建设长城、大运河、长征、黄河等国家文化公园题材，从学术研究、精神提炼、知识普及等多个层面进行选题策划。

第五，要聚焦讲好中国故事。

在经典中国国际出版工程、中国图书对外推广计划、丝路书香工程的扶持下，出版企业“走出去”的内生动力不断得到激发，对外出版成效明显。当前国际环境复杂多变，加上疫情的巨大影响，提升国家软实力和国际话语权的任务更为急迫，讲好中国故事的任务更加艰巨，出版“走出去”面临前所未有的挑战。出版社需要在认识、动力、内容、对象、方式、载体等方面进行调整和应对，立足地域优势，充分运用网络及其他技术，加强线上出版贸易平台建设，打造“不落幕”线上书展。

### （三）把握出版产业逻辑，构建现代产业新格局

出版业是文化产业的重要组成部分。出版产业要以高质量发展为主题，适应市场环境变化，遵循产业逻辑，主要需处理好以下几种关系。

第一，要辩证看待数量和质量的关系。

当前，出版业从扩充数量规模向提升质量效益转变，书号总量缩减，图书品种不断减少，而企业要做大规模，实现增长，因此要正确看待和处理数量与质量的关系。在出版社的专业定位不明晰、方向性问题没有解决的前提下，任何盲目的扩张都有可能造成浪费，所以多元化要立足主业范围发展。在书号减少的情况下，提高单品种效益尤为重要，每一个选题都要经过审慎评估、科学论证，努力实现效益最大化。同时，要注重盘活存量，对存量出版资源要充分整合。近年来，广西科学技术出版社的一些重点项目，包括入选国家

重点出版规划项目或国家出版基金项目的选题，不少是在以往选题的基础上重新设计的，如《中国野生稻》《生物学大辞典（第2版）》《壮族科学技术史》等，都是存量资源的升级改版，从而带来了新的效益。

○《壮族科学技术史》

第二，要辩证看待社会效益和经济效益的关系。

社会效益与经济效益不是对立关系，出版的最高境界是两个效益统一，做到“既叫好，又叫座”。在大数据和用户画像精准的条件下，小众的精品好书也有市场，一些获奖图书或国家基金项目也不应束之高阁，知识内容的变现与服务需要创新经营模式，专业图书的营销推广需要创新手段。出版经营者不能满足于个别精品项目获奖，培育成体系的精品集群并将其转化为常销产品才是最终目标。

第三，要辩证看待出版产业和文化产业的关系。

出版是小产业，但也是凝聚民族复兴伟大力量的大事业，出版人要增强产业自信，不断提高出版产业在文化产业中的比重。国家“十四五”规划提出要健全现代文化产业体系和市场体系，强调扩大优质文化产品供给，实施文化产业数字化战略，加快发展新型文化企业、文化业态、文化消费模式，壮大数字创意、网络视听、数字出版等产业，打造一批有影响力、有代表性的文化品牌，这是产业发展的基本方向。当前，出版企业对传统模式的依赖仍然比较大，出版与科技融合不深，缺乏现象级文化产品，出版品牌比较单薄，体制机制存在掣肘之处，创新驱动力不足，这些问题都需要在未来下力气加以解决。

## 三、不断拓展高质量发展的出版视野

“十四五”期间，出版工作要以高质量发展为主题，以供给侧结构性改革为主线，为读者和社会提供更多的优质文化产品，为实现中华民族伟大复兴凝聚力量。编辑要从提升选题品质、强化精品意识、创新融合思维三个层面，进一步拓展出版视野，多出精品，多出好书，实现出版的高质量发展。

### （一）聚合优势资源，提升选题品质

高水平的选题从哪里来？这是出版人一直追寻的重要命题。对于专业出版社而言，要提高选题的学术价值和出版价值，可以在以下方面重点发力。

第一，关注重点项目、学科与机构。

重点关注国家自然科学基金立项、国家社会科学基金立项、国家重要科技奖项和社科奖项，关注重点实验室、重点学科重要年会与研究综述，关注重要学术期刊、全国优秀博士论文等，以开阔的视野掌握学科发展动态，充分运用各种平台工具搜寻出版资源。除了高校，科研院所、图书馆、博物馆、美术馆等机构也是重要的选题策源地，出版社要与这些机构建立稳定的合作关系，共同培植品牌，实现双赢。从 20 世纪 90 年代开始，广西科学技术出版社就与中国科学院广西植物研究所建立合作，共同打造“广西植物志”系列图书，出版时间跨度近 30 年，成为出版单位与机构合作的典范。

第二，聚焦核心作者。

不少出版社的社史展厅都会有一面“作者墙”，从中可以窥见出版社的核心资源和成功密码。编辑的工作之一就是遴选作者、识别作者，编辑要熟知权威作者，挖掘潜在作者，培育未来作者，构建自己的核心作者群。我在广西人民出版社工作期间，组织论证《毛泽东读书笔记精讲》选题时，由于

○ 本文作者（左一）与《毛泽东读书笔记精讲》作者陈晋先生合影

项目预算不小，社里有过一些议论。但是，我们认为这部书稿的作者陈晋先生是国内党史大家、毛泽东研究“第一人”，这部书稿代表了这个领域的最新成果和最高水准，极具出版价值。正是基于对作者的准确判断和充分信任，经过认真论证，班子最终决定必须做成这个选题。《毛泽东读书笔记精讲》出版后得到各方的高度评价，荣获中国出版政府奖、中华优秀出版物奖，并多次重印，实现了“双效”俱佳。在讨论《庄子哲学讲记》选题时，责任编辑介绍说，这是作者北京大学郑开教授在这个领域研究了 30 余年的成果，极具学术价值。我相信编辑的眼光，也深信作者潜心研究多年的积淀，当即表示同意做这个选题。这本书出版后，荣获 2016 年度“中国好书”奖和第七届中华优秀出版物奖提名奖。在新书分享会上，我第一次见到郑开教授，他当时穿了一件领口松垮的圆领旧 T 恤，简朴的作风让我颇为感慨：一位优秀的作者关注的不是外在的东西，他总是沉浸在他钟爱的研究中，也只有在这种心无旁骛的状态下，他才能创作出优秀的作品。

第三，深耕地方资源。

地方出版社的优势是拥有丰富的本地出版资源，必须发挥好这个优势，深耕本土，服务地方。编辑要对地方的历史人文、自然资源、经济发展、产业布局等基本情况了然于心，这是对地方出版社编辑的专业要求。作为地方的专业出版社，广西科学技术出版社一直将挖掘广西丰富独特的自然和人文资源作为重要出版方向，围绕壮瑶民族医药、广西珍稀动植物、广西文物、骆越文化等特色板块策划选题，重点对接了潘文石、万辅彬、范航清、沈培康、刘演、陈成斌等不同领域的知名作者，出版了一批“双效”俱佳的产品。如北京大学的潘文石教授，这位令人尊敬的科学家在广西崇左弄官山密林深处的艰苦环境中从事白头叶猴的保护与研究工作近 30 年。此外，他还大力投入北部湾中华白海豚的研究与保护工作。然而，对于这样一位常年扎根广西的重量级科学家，广西出版界之前和他并没有太多的交集，这不得不说是一种遗憾。2016 年，广西科学技术出版社开始主动联系潘文石教授，数次登门拜访，沟通出版设想，表达出版诚意，最终得到了潘文石教授的认可。他组织团队高质量完成《白头叶猴》《中华白海豚》这两本极具分量的书稿交给我社出版，同时表示未

○ 《白头叶猴》

○ 本文作者（左一）拜访北京大学崇左生物多样性研究基地潘文石教授

来其专著成果优先在广西科学技术出版社出版。可见，深耕地方资源是实现出版差异化、特色化的重要路径，是值得持续发力的“富矿”。

### （二）增强精品意识，补齐能力短板

习近平总书记指出：“精品之所以‘精’，就在于其思想精深、艺术精湛、制作精良。”编辑要强化精品意识，要在书稿内容把握、文字编辑加工、书籍装帧设计中扮演重要角色，发挥专业作用。在实际工作中，不少编辑在思维、文字、审美等方面都或多或少存在不足，所出版的图书与精品图书仍有不小差距，需要补齐这些短板，才能适应精品出版的要求。

首先，要补齐思维能力的短板。逻辑思维能力是编辑应该具备的基本能力。编辑要有意识地强化逻辑思维能力训练，才能从繁杂的书稿中迅速厘清内容脉络，判断结构思路，发现并纠正错误，解决书稿体例的严谨性、内容的科

学性、表达的可读性等方面的基本问题，打造出“思想精深”的作品。其次，要补齐文字能力的短板。文字能力是编辑最为核心的基本功，文字能力的强弱决定了编校质量的好坏。一些具有理工科专业背景的编辑，由于专业所限，文字基本功较为薄弱，文字表达能力欠缺，对文字差错不敏感，写作能力和动力不足，需要以实现编校无差错为目标，通过高强度的训练加以弥补，才能达到“制作精良”的要求。最后，要补齐审美能力的短板。编辑要具备基本的审美观念和审美能力，加强艺术修养是编辑的必修课。在装帧设计方面，责任编辑要有思考、有见解，就色彩搭配、字体选择、图文排版、印制材料等环节与设计团队共同研究，提出方案，而不是做“甩手掌柜”。除了书籍，编辑还要加强对网页设计、微信推文版面、图书品牌标志、文创产品等的审美把关，对产品的艺术品质负责。不少编辑缺乏基本的审美能力，导致书籍某些设计元素粗陋、媚俗，缺乏美感。比如，在选择封面字体时，随意选用字库中一些粗陋不堪的“江湖字体”，表现出低下的审美趣味。出版人作为精神产品的生产者，要通过为读者提供“艺术精湛”的产品，在引领整个社会审美观念的提升方面做出表率。

### （三）创新融合思维，探索新兴业态

融合发展是出版业的大势所趋，出版业态不断创新、出版内涵不断丰富、出版边界不断拓展，要求编辑必须具有融合思维。融合发展的核心是传统出版与新兴出版融合，包括观念重塑、业态创新、多元发展、营销升级等重要范畴。

第一，流程、架构和观念的重塑。

融合发展首要的任务是重塑出版生产流程，重构内部组织结构，建立具备选题策划、协同编辑、数字加工、版权管理等功能的一体化内容生产平台，

健全“一个内容多种创意、一个创意多次开发、一次开发多种产品、一种产品多个形态”的生产经营方式，逐步形成资源共享、高效顺畅、适应市场需求和一体化发展的内部运行机制。在规划一个具体选题时，首先要有全媒体的思维和观念，充分考虑纸质书、电子书、音视频乃至文创产品等不同的产品样态。进行选题论证时，不应该只论证纸质产品，也要考虑数字产品的论证。在选题策划与组稿阶段，就要充分考虑电子书与有声书平台的要求和读者需求。编辑要将身份从责任编辑向产品经理、品牌经理转变，按照“选题—品种—产品线—品牌—生态”的递进结构来规划产品出版路径。

第二，多业态的产品布局。

在融合发展的背景下，文化产业各个门类的边界互相交融，各门类之间并非不可逾越。出版社要发挥优势，整合资源，在一些新兴产业领域争取更多的主导权，不断丰富出版内涵，积极延展出版边界。近年来，广西科学技术出版社依托综合实践教材出版的优势，成立研学中心，全面拓展研学实践业务，在课程设计、线路运营、基地建设、行业培训、数字平台等方面展开经营，初具成效。同时，依托漫画杂志平台，联合承办广西网络动漫大赛，对接动漫产业，进行跨界探索，为下一步的融合发展积累宝贵经验。

第三，多媒体营销模式的升级。

全球疫情深刻改变了出版的营销场景，编辑比以往更深入地参与营销环节，这种变化需要编辑进行角色转换，重新定义编辑岗位。编辑从后台登上前台，以短视频、直播等方式开展营销成为一种常态，线下的阅读分享活动与线上平台的宣传推广形成呼应，这种组合越来越被频繁地运用到图书的日常营销中。图书营销方式的多元化要求编辑快速提供适应各种场景的营销方案，宣推文字也不再是千篇一律的书评，要针对不同的目标人群进行信息送达，这是对编辑文案能力的新考验。出版机构要构建自己的营销矩阵，形成网店、实体店和社群营销有效组合的全媒体营销格局。尽管线上销售日益成为主导，实体店的作用仍然不能忽视，编辑仍然需要多到实体店进行体验，在与读者面对面的真实场景中，检视选题价值，研究读者需求，重塑市场观念。

中华民族的高度文化自信需要强大的出版业，中华民族的伟大复兴需要出版业提供强有力的思想、理论、审美等智力支持和文化支撑。在国家“十四五”规划和2035年远景目标纲要中提出的“建成文化强国”指引下，出版人要进一步明确出版定位，把握出版逻辑，拓展出版视野，构建高质量发展的产业新格局，为实现第二个百年奋斗目标贡献出版人的力量。

（本文作者系广西出版传媒集团副总编辑、广西科学技术出版社社长）

# 做书就是做文化

## ——文化的细节与做书的讲究

张　谦

## 一、什么是做书？

### 1. 关于做书的100种标签

很多年轻人投奔出版行业，有一个问题不知道大家想过没有——什么是做书，做书到底做的是什么？

如果可以采集大家的心声，恐怕会有不下于100种答案、100种标签：做生意、做事情、做教材教辅、做项目、做计划书、做PPT、熬更打卡、做一天和尚撞一天钟……

如果把做书当成做生意的话，也没有错，但光是“生意”两个字概括不了书业的核心要义，辨识度不高。因为同样是做生意，完全可以去开金矿，去做电子商务，那可比做书捞金快，赚得多。做项目、做计划书、做PPT等，也只是个人角度的认识，如同盲人摸象，不能以偏概全。熬更打卡、做一天和尚撞一天钟，这涉及做人做事的底线和态度问题，不值得在这里过多讨论。

### 2. 书业的文化之光

长话短说，在所有生意里面，做书彰显着非同一般的文化之光。图书除了普通的商品属性，还凝结着人类思想文化的历史和现状，既是精神成果，也是展示载体，更是流播思想、雕刻心灵、传承文明的火种。

回想我大学毕业后到漓江出版社（以下简称“漓江社”）的那一天，小城的公共交通系统极不发达，我是坐着一辆三轮板车进的漓江社小院。上车前为了跟三轮车夫描述我要去的地方，很是费了一番口舌。“什么社，出板材的吗？”三轮车夫如是说——他以为我要去的是哪个主营木材加工的人民公社。

我心里想：“漓江社真低调啊，在桂林好像有点‘不食人间烟火’。”

后来才知道漓江社是自治区直属单位，这类单位和本地老百姓打交道的机会一般不多，再加上做文化做到了“出版”的分上，已经超出了很多老百姓的认知范围，当地人不熟悉、不了解也属正常。即使老百姓不知道出版有什么用，也不能消解书业本身所蕴含的文化之光，因为文化负有引领大众的道义担当，所谓“天不生仲尼，万古如长夜”。

法国作家安德烈·莫洛亚曾说：“一本伟大的书，一定可以使读者在读过之后，变成一个更优秀的人。”漓江社出过莫洛亚的短篇小说集《栗树下的晚餐》，收在“法国二十世纪文学丛书”里。

## 二、书与文化的关系

### 1. 书籍品类繁多，文化也多姿多彩

每一个图书品类都对应一种文化，这很好理解。比如，不同民族有不同的文化，不同语种的图书大多致力于推广本国文化。漓江社的“获诺贝尔文学奖作家丛书”品牌，从老前辈开创基业一直做到现在，一直致力于将世界各民族的优秀文化介绍给广大读者。我社还与 40 多个国家、地区建立了长期、稳定的版权贸易关系，图书版权输出到 17 个国家、地区。比如，入选 2020 年丝路书香工程的《大鱼、小鱼和虾米》（邱华栋中篇小说集），输出语种

○ 2019 年北京国际图书博览会《大桥》宣传活动现场（左一为本文作者）

是爱沙尼亚语。

不用说，文化是分精华和糟粕的。对于书业来说，精品书、获奖书、“双效”俱佳的书都是优秀文化，是文化里的精华。盗版书，违规书，少数格调低下的畅销书，宣传封建迷信、暴力血腥的书等，都是坏文化，是文化里的糟粕；编校质量不合格的图书，向大众传达的是错误的信息，当然也是坏文化。

2. 好与坏是有度的

好文化与坏文化并不是非黑即白的，中间有着广阔的灰色地带。做书也一样，谁都不愿做坏书，但也不可能毕其功于一役，一次就能做出一本顶级好书。在通往顶级好书的职业道路上，我们要衡量一下自己的职业坐标在什么位置。出版是久久为功的事业，我有没有付出努力？我的努力是不是让我离“坏”一天天更远，离“好”一天天更近？

诺贝尔文学奖获奖作家川端康成曾说："时间以同样的方式流经每个人，而每个人却以不同的方式度过时间。"我社出版过他的《雪国·千鹤·古都》，还在国内首次推介过川端康成作品集，包括《东京人》《河边小镇的故事》《天授之子》《再婚的女人》等。

## 三、不尴不尬的阶段

1. 职业瓶颈期

我带新人有一个体会：刚来两三年，新人都是勇往直前的小老虎，学什么上手都很快，指哪儿打哪儿，不知道怕；两三年后对业务稍微熟悉了，就好像一低头看到了玻璃栈道下的深渊一样，开始畏首畏尾、举步维艰了。

我社中外文学编辑部副主任辛丽芳在《中国新闻出版广电报》发表了一篇谈新人职场感悟和编辑情怀的文章，里面有一段：

> 倏忽五年，已不再是当初那个什么都不懂的职场新人，但是距离资深编辑还有很长的路要走。像是遇到了瓶颈，有时挣扎，有时困惑，有时沮丧，有时干脆想要放弃。而幸运的是，我还在。

小辛是2017年度广西出版传媒集团"十佳编辑"，也是第十一届傅雷翻译出版奖获奖图书《一座城堡到另一座城堡》的责任编辑，她都有面临瓶颈期的困惑，可见这个现象很普遍。

2. 瓶颈期的本质

瓶颈期的本质是陷入平庸，找不到突破口，没有抓手，无法破局。平庸，在有的人身上只是一个阶段，在有的人身上却成了一种状态，而且这个状态有可能持续存在，甚至陪伴终生。大家仔细想一想，是不是这样一个道理？

所以，走出瓶颈期，拒绝平庸，是我辈同人内心真实的呼声。我想要告诉大家的是，这其实是有办法、有关键词的。

“每一个不曾起舞的日子，都是对生命的辜负。”这是尼采说的。我社推出过尼采文集，包括《查拉图斯特拉如是说》《快乐的科学》《悲剧的诞生》《曙光》等。

## 四、文化的细节

“细节”是摆脱瓶颈期的一个关键词，是开启职场进阶的密码。对于大多数人来说，当今社会资源共享、信息共享，聪明才智的差异也不构成任何出奇制胜的砝码，那么，当大家的发展都处在成熟稳定期的时候，想要在竞争和博弈中取胜，只有靠持之以恒的力量——细节的积累。

文化并不是流于表面的大词、空词，文化是有细节的。在此，我想就大家的实际工作，也就是文化中的文字工作来举例说明。

1. 荣华富贵

“荣华富贵”这个词，大家肯定不陌生。我熟悉的发型师和我说，他父亲兄弟几个就是按着“荣、华、富、贵”取名的，可是他也不知道这几个字里面有什么细节和奥妙。其实《尔雅·释草》中有“木谓之华，草谓之荣”。“华”指的是木本植物开的花，“荣”指的是草本植物开的花，所以白居易才会说“离离原上草，一岁一枯荣”，而不是“一岁一枯华”。“华而不实”，是指一棵树只开花不结果，所以不能说“荣而不实”。荣华富贵，也就是花开富贵的意思。发型师听我这么一说才懂，他觉得和我聊天好有趣，每次去都要边做头发边聊上几句。

2. 跋山涉水

山行曰跋，水行曰涉，所以“长途跋涉”这个词其实是有区间分隔和画面感的，既爬了山，又过了水。这就是细节。许多人爱说“爬山涉水”，这样说平白易懂，口语里大家都能接受。但咱们做书时，如果也写“爬山涉水”，那就有失书面语的严谨和典雅了。记住，一定是“跋山涉水”，不要写错了。

3. 柘木

柘木镇是桂林南边的一个镇，“柘”的发音同“浙”。桂林人大抵都知道，那里是把大型根雕做成产业的地方。很多外地人来这里买大型的狮、虎、老鹰根雕，还有各种造型的罗汉，前些年生意很兴旺。我和家人曾经开车去柘木一带的山野郊游，那里生态很好，植被茂密。

柘木其实是一个很古老的名字，《山海经·精卫填海》的开篇就是“发鸠之山，其上多柘木”，意思是传说中一座叫发鸠的山上，长了很多桑树。柘木其实是桑树的一种。古有良弓，名曰“乌号”，乌号也是柘木做的，传说中是黄帝使用过的弓。如果不知道这些，就不知道今古的关联，也享受不到与古人对话的乐趣，这就是文化的细节与传承。

4.“彦”与“美才”

很多家庭希望孩子长大了，可以气质出众、才华横溢，所以会给孩子取名“美才”，这个名字寄托了家人的美好祝福。可是如果这家人性格含蓄，不想让孩子的名字那么直白呢？那就需要文化来帮忙了。有一个字可以取代“美才”，那就是“彦”。《尚书·秦誓》里有一句“人之彦圣，其心好之”，意思是别人有美才圣德，作为贤相良臣，要好生呵护，句中的“彦”就是“美才”的意思。取名为“彦”，显得更含蓄、更典雅。

这一节既然讲的是细节，就送大家一句跟“微不足道”有关的名言，这句话是阿贝尔·加缪说的：“一切伟大的行动和思想，都有一个微不足道的开始。”我社在“诺贝尔文学奖作家文集”里推出了“加缪卷”，包括《鼠疫》《局外人》《第一人》《卡利古拉》《西绪福斯神话——论荒诞》等。

## 五、做书的讲究

我经常和年轻的编辑同事说：“你们刚来的时候是一张白纸，学什么都是从不会到会。那个时候，我强调的是把基础打牢，免得未来起高楼时‘楼歪歪’，所以给你们讲的，一般都是‘什么是对’‘什么是错’。等到大家入职三五年了，正常情况下教对错的阶段也就结束了，因为经过三五年的常规训练，如果不是不称职的话，业务水平也都在及格线以上了，不会错得太离谱。此时还教对错，已无意义。于是我教大家做书，就进入了新阶段，变成教‘怎样做得更好’。如果把前面教对错的阶段比作必修课，那么后面这个阶段就是选修课，你可以选择学，也可以选择不学。如果选择不学，我之前教给你的，也够你在这个行当立身、谋生，这样过个三五年也没问题。三五年以后，江湖冷暖，就看自己造化了。可是如果选择学，我们师徒就一起钻研一下做书都有什么讲究。这个钻研的过程是乐趣，也是相互间的讨论学习。讲究得多了，日积月累，也许从量变到质变，工作就会结出硕果，团队也会得到提升。”

下面举几个我的团队的教学案例：

1. 要不要加“马克思著”

孙精精是我们“旅伴文库·锦囊旧书”里《马克思青年时期爱情诗选》一书的责任编辑。有一天她问我：“《马克思青年时期爱情诗选》，需不需要加‘马克思著’？”

我反问她：“你去看看人民文学出版社的《鲁迅全集》，加没加‘鲁迅著’？”

她说：“没加。刘硕良老师做的我社老版《马克思青年时期爱情诗选》

○ 本文作者（左三）带青年编辑下厂

也没有加。那是不是按老版的样子就好了？”

我说：“刘硕良老师是出版家，前人的经验都是经过深思熟虑的。做漓江人，很幸运的一点就是前人打下了很好的基础。”

她说：“我是看到中信出版社出的《我歌唱的理由》，上面有写‘莱纳·马利亚·里尔克等著’‘冯至等译’才想到的。”

我说：“想到也没错。文学创作有‘不著一字，尽得风流’的说法，在没有痕迹的地方留下我们的思索，也是编辑的内功之一。”

顺便说一句，我社做的《张炜文集》，封面上也没有“张炜著”字样。

2.《在路上》封面元素的打磨

《在路上》是漓江社首次尝试引进版权的全译本，由沈东子策划，由我做责任编辑。三年的约期里，销量越来越好，市场很认可我社出版的文楚安译本，也认可我社的装帧设计。那是我社美术编辑石绍康青年时代的设计代表作，在对作品的理解和细节的打磨上，都体现了精准、前卫的设计理念。

当时在石绍康所提方案的基础上，我提出把车中人脸（作者杰克·凯鲁亚克）做180度左右翻转，好让他脸上的明暗光感和车外来光方向一致。因为车中的人脸照片是从凯鲁亚克与尼尔·卡萨迪的合影上直接抓取的，原图光感与拼接环境有违和感。

在当时校对室同事胡子博的协助下，我还从文楚安译稿中找了一句话作为题语放在封面上——“我还年轻，我渴望上路”，它几乎成了令一代读者为之热血沸腾的口号。现在《在路上》到了公版期，国内不少出版社都在做这本书，有的还直接移用了这句话，也放在封面上——其实这个创意和译文都是漓江社的。

做出版时间长了，遇到好书“转会”是常有的事，虽然《在路上》的版权后来到了别的出版社，但我很高兴地看到，豆瓣上读者最认可的，还是自己一字一句捋过一遍、投入很大心血进行编辑的漓江社版文楚安译本。此书还在2008年和漓江社另外7种图书非常光荣地入选“改革开放30年中国最具影响力的300本书”。

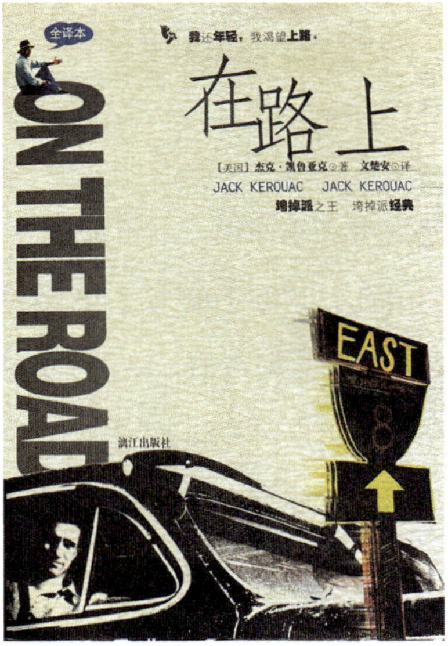

○《在路上》

3. 一个小书签

《历史的起源与目标》是德国存在主义哲学家卡尔·雅斯贝斯的代表作，雅斯贝斯在书中提出一个很著名的命题——轴心时代。这本书由中外文学编辑部谢青芸担任责任编辑。小谢是“双料”获奖书《灵渠》（获广西第十五届精神文明建设“五个一工程”奖、第九届广西文艺创作铜鼓奖）的责任编辑，她自告奋勇要编这本书，因为她在大学的时候，哲学教授开的书单里推荐过这本书。书编得不错，2020 年初还被网红教授列入新春书单，展示了年轻的文学编辑在操刀人文社科书方面的潜力。该书市场反响很好，一年多的时间已经印刷五六次了。

拿到样书以后，我和小谢商量过一个细节，是关于随书书签的。在我看来，这个细节还可以做得更到位。

○ 《历史的起源与目标》书签

书签如上，只有一句话，还不带标点，也没交代出处，像是无名氏的梦呓。我和小谢说，书签也是会“漂流”的，想想我们自己使用书签的习惯，过几年，这本书的书签也许就漂流到了别的书里。如果顺手标注这句话是卡尔·雅斯贝斯说的，出自《历史的起源与目标》，那么书签就有了来龙去脉，本身就可以成为此书的一则小广告，它四处漂流又何妨呢。这当然已无关对错，而是“怎样做才更好”的问题了。

4. 英文书名的字距问题

我们在 2020 年做了一套“‘五个小侦探’丛书”，一共五本。

这套书的作者伊妮德·布莱顿是英国童书大王，她的作品在全球行销超过 6 亿册，超过莎士比亚和 J.K. 罗琳。

其中一本《走私者之峰》进行封面设计时，我提出它的英文名“FIVE GO TO SMUGGLER’S TOP”局部排得比较近，变成了“FIVE GO TO SMUGGLER’STOP”，后面的“TOP”就变成了“STOP”。

经提醒，这个问题引起了大家的注意，责编协同美编对该问题进行了订正。

○ “五个小侦探”丛书

○ 左：《走私者之峰》封面修改前
右：《走私者之峰》封面修改后

## 六、结语

如果时间允许，我还可以列举很多教学实例，比如编辑应该怎么做到既尊重作者个性，又把好编校质量关；每年的“漓江年选”，封底都有选段，选段如何操作；等等。所谓“细节决定一切”“工匠精神”，都是要拼功夫、拼讲究的，文化要自信，大家都有责任。

最后送大家三句话：

做书可以让你的内心变得丰富，但在内心丰富以前，你得学会安静，静到内心升起敬畏，才能听到来自古今中外那些优秀灵魂的声音。

青年编辑职业发展期遭遇瓶颈并不可怕，修持须诚笃，进阶有良方。做文化远非一日之功，定然有日积月累的钻研和进步，它们可以引领你久久为功，达成所愿。

如果我今日的分享可以带给你些许帮助和愉悦，那么请充满信心地走下去——在未来，坚忍者的绽放，值得我们共同期许！

（本文作者时任漓江出版社试岗总编辑，现任总编辑）

# 做好书，离不开好团队

陆思成

团队建设是个老生常谈的话题，我们都知道团队的重要性，每个出版社都有自己的团队，也都做了很好的图书和项目。团队非常重要，对以教材教辅出版为主的出版社来说更是如此。我入职广西教育出版社（以下简称“教育社”）已有16个年头，经历过多个部门、多个岗位的学习和锻炼，从最初的文稿加工编辑、教材编辑、教辅编辑到编辑室主任，再到走上出版社的管理岗位，从编辑一本本图书到策划一个个选题，从一名编辑新兵到能够带领团队做项目，我的职业成长与自己的团队密不可分。我感谢自己工作过的部门，感恩教育社。

## 一、什么是真正的团队

很庆幸，初到广西教育出版社，我加入了一个好团队——教材中心。在教材中心工作的几年我得到了极大的帮助和锻炼，从一个出版“小白”逐渐体验到出版的乐趣和使命。

教材中心一共6个人，主任带着5个“小兵”，承担着教育社全部的教材出版和培训任务。当时主要的教材品种有国标初中音乐教材，以及地方版的《劳动技术》《绿色证书》《信息技术》《心理健康教育》等。做过

○ 教材中心里的传帮带

教材的编辑都知道，这是累活、重活，也是能锻炼人的活。出版界内有句话："爱一个人，让他去编教材；恨一个人，也让他去编教材。"每一个教材项目都是大工程，涉及方方面面，从组织策划、编辑出版到教材培训，都需要团队共同完成。

初中音乐教材是我社唯一的国标教材，培训工作任务繁重。按照上级要求，我们要在很短的时间内完成教材使用地市全员培训任务，基本上两三天就要跑一个地方。记得有一次，我们头一天在河池天峨做完培训，第二天就赶到了贺州。那段时间，不是在培训就是在培训的路上。在大家的努力下，教材培训工作效率很高、效果很好，做到了让老师满意，培训专家也满意，初中音乐教材后来还被教育部评为老师最喜欢的教材之一。每年的教材培训工作能够圆满完成，得益于教材中心这个团队的合理分工和密切配合——谁负责准备培训材料、谁负责落实培训场地、谁负责现场协调等都提前做了安排，每个人都对自己的工作心中有数，以便落实到位。我负责现场协调，每场活动前，我都会把活动的环节和细节在脑子里“过电影”，确保万无一失。有一个好的团队，做任何事情都感到很踏实。

做好教材工作离不开团队，完成重大的教辅出版任务也要靠“团队作战”。当时教材中心除了承担教材的出版工作，还承担“学科探究学习”丛书的编辑任务，后来“学科探究学习”丛书改版为《语文作业》《数学作业》《英语作业》等，这也是大工程！这套教辅从项目立项到送审也就短短两个月时间，而且品种很多，还要根据各地市使用教材的不同情况进行组合，如果按照常规流程根本完不成，但这又是必须要啃下的硬骨头。我们组织作者、编辑、绘图、排版人员集中住进酒店，大家各司其职，相互配合，最后在规定的时间内把任务完成了。大家晚上工作到凌晨三四点很正常，除了吃饭时间，其他时间基本都在工作。领导也跟着我们熬夜加班，偶尔还请吃夜宵，大家虽然身体疲惫，但还是很开心。我差不多一个月没回家，全程住在酒店，估计是这辈子住酒店最长的一次。做成这个项目之后，才有后来的《课堂作业》。《课堂作业》被纳入政府采购项目，给教育社带来了很大的效益。现在想来，如果当时没有团队协作，没有大家忘我地工作，就不可能完成如此艰巨的任务，真是应了“人心齐，泰山移”的老话。

教育社这个大团队也很给力。教育社有一条不成文的规定，在教材教辅生产的忙季，只要有需要，社里其他部门都会全力支持。有了全社的支持，我社的教材教辅生产每次都能“逢凶化吉”。

一个真正的团队，应该是团结协作、有活力、能出活的团队。

## 二、怎样打造真正的团队

我在教育社的头 12 年里离不开教材教辅，先在教材中心，后来教材中心与几个做教辅的部门合并成一个大部门，成立了基础教育编辑部。编辑越来越多，团队越来越大，负责的产品也越来越多，全年上千个品种要出版付印。要让团队运作好，我们需要制度来保障。社里虽然有各方面的制度，但是对于生产来说，基础教育编辑部需要有更为明晰、细致及更有实操性的工作制度和流程，以保证每年上千种教辅图书的质量合格，保证“课前到书”政治任务的完成。每季要出版 400 多个品种，直到最后一本书下厂付印，大家才能松一口气。我们不断向大家强调两个理念：一是把质量放在第一位，质量是生命线，把好质量关时刻不能放松，教辅要和配套教材核对后才能下厂；

○ 基础教育编辑部生产会

二是要保证课前到书，定好下厂时间，在这个时间点之前必须付印，否则就会影响交货，影响学校教学、学生学习。教材教辅是教育类出版社发展的基石，同时，做好教材教辅生产工作也是社会责任，所以我社多年来达成了共识，任何时候都要把教材教辅的生产放在首位，按时、高质量出版教材教辅是基础教育编辑部的头等大事和必须完成的目标。虽然每年都会遇到教材的修订和调整，教辅也要不断修订、提升质量，给完成目标带来很多困难，但是我们完成目标的决心从未动摇。

团队的目标明确后，制度的建设和执行非常重要，尤其是工作制度和流程的设计要细致，要科学、合理，要制定能够执行的制度、能够落实到位的制度。我们通过长期实践，摸索和总结了一套适合我们的制度和流程。为了确保每年的出版任务能够顺利完成，我们对人员分工（包括流程分工和学科编辑分工），项目分工（制定具体项目负责表，有总项目负责表和分项目负责表，将项目责任落实到人），编辑流程（分为新版图书流程、改版图书流程和重印图书流程），合同管理流程，稿酬发放流程等做了详细的规定，并对编辑工作提出了详细和明确的要求。同时，品种是严格按照学科专业进行分配的，每个人的任务量都是公开的。针对每年春秋两季的教辅生产，每一季都制定细化方案，把所有品种列出来，把每本书的责任编辑、版次印次、版别、开本、成品规格和尺寸、色数、出版方案、清样时间等都列出来，让每个编辑对自己的工作任务和完成时间都清清楚楚、明明白白。根据制度规定和细化的任务方案，编辑部在执行的时候强化进度管理。编辑部门开发了自己的进度管理系统，进入系统，每个品种、每位编辑的进度都一目了然，谁的进度慢了，项目负责人会跟进询问相关原因，帮助解决问题，推动任务的完成。同时，部门有自己的奖惩制度，编辑完成任务出色，在绩效奖金方面会有所体现；反之，就会受到相应处罚。这一切都是为了让编辑们清楚自己的任务和职责，提高编辑部的工作效率，减少工作上的差错。经过多年的实践检验，这套工作制度和流程对保障完成教材教辅生产任务是行之有效的，现在教育社每一季的生产都按照这个模式来进行。

教材教辅生产跟单品种图书的生产有相似的地方，也有不一样的地方。教材教辅的生产除了强调编辑的个人作用，更多强调的是团队的作用。例如，在基础教育编辑部，一个人完成了任务不等于全部门完成了任务，一个人拖后腿则会影响全部门的总进度，所以编辑部里的每一个人都很重要。在团队里除了工作制度，还有一个共识——大家是一个整体、一个团队，需要相互尊重、互相帮助。尊重是团队的润滑剂，是团队具有战斗力和凝聚力的前提。之前我在教材中心的时候，无论多累、多艰难，都觉得工作是开心的，这跟团队里轻松和相互尊重的氛围分不开。当然，在团队里难免有摩擦、有不同的意见，但都是针对某个具体问题的讨论。

除此以外，打造一个真正的团队，离不开部门管理者的努力。教材中心的分管领导和中心主任对每个人都给予充分的信任和尊重，经常与编辑一起讨论问题，鼓励提出问题和质疑，也会给编辑提建议，一起解决问题，一起加班熬夜，一起干体力活，等等。部门管理者要大公无私，要有奉献精神，要尊重每一个成员，做好“服务”；如果出现争论，管理者不应先入为主，要学会倾听；要学会授权，充分相信部门员工能够独立完成一项任务，不必事无巨细地监督，但当成员需要帮助的时候要及时给予帮助；还要注重反馈，而且是及时反馈，反馈不及时容易让人觉得这件事情不重要，觉得被忽视。可以说，尊重、倾听、授权、及时反馈，应该是一个部门管理者要努力做到的，这样才能让大家都在团队里找到归属感，找到方向，获得理解。所以有时候我觉得管理者最好懂点心理学知识，这样工作会事半功倍。

做市场图书也是如此，每一本好书都是团队一起磨出来的。从 2016 年底

○ 《新语文读本 · 小学卷》（第四版）

○ 《新语文读本 · 初中卷》（第四版）

○ 《新语文读本 · 高中卷》（第五版）

开始，我分管市场图书的编辑和发行工作。之前我对市场图书关注不多，对市场图书的运作也不是很了解，应该说是个门外汉。但是，我相信只要发挥好团队的智慧，我们是可以把工作做好的。《新语文读本》（第四版）的修订工作凝聚了很多人的心血，编辑部、营销部、装帧设计部、出版部、数字部等人员都参与进来，对于内容的调整，版式和封面，纸张、开本、定价，以及音频录制等，大家进行了反复讨论，目标就是要做到最好，仅仅是封面就“磨”了很多版。最后出来的图书虽然还不是最理想的，但是从市场和客户的反应来看，应该是成功的。《新语文读本》（第四版）的发行量创下了历史新高，后来还增加了地方版，也实现了在广西本土的落地使用。有了修订《新语文读本》（第四版）的经验，之后统筹一些市场图书项目时，我都会召集相关部门的人员，尤其是营销部、出版部和装帧设计部的人员，大家一起坐下来研究如何提升图书品质、如何控制好成本，在封面和版式上下一番功夫。例如，“经典韵文寓言故事”绘本系列、“童话中的新世界”系列、

“中华经典诵读”系列、“当代中国语文教育家口述实录”丛书等，封面、版式及一些其他细节都讨论了很多遍。这些图书出来之后，大家对我社市场图书的印象有了一定改观。通过团队的努力和碰撞，我觉得大家做市场图书越来越有感觉、越来越有信心，每个人在讨论和共同解决问题的过程中也能够学到很多东西，年轻编辑成长很快。可以说，团队合作对打造精品、做好书是至关重要的，好的团队是做好书的保障，是编辑成长的沃土。

要建立一支真正的团队，就要有共同的目标，科学制定规则并按照规则来运转。大家在团队里要能够相互尊重，团队的管理者也要融入团队，为团队的发展做出努力和表率。

## 三、编辑如何学会在团队中成长

我在教育社工作了 16 年，感谢教育社对我的培养，感谢我所在的团队。一个好的团队对编辑的成长非常重要，编辑应该学会在团队中提升自己。基于自身的经历，我认为做到以下几个方面很重要。

一是拜师。俗话说“师傅引进门，修行在个人”，“师傅引进门”很重要，对于新入出版行业的人尤其如此。大学生毕业从学校走进出版社时，大多没有接触过出版，可以说对出版行业的了解是不多的，而做好出版工作除了要具备扎实的专业功底和较强的文字能力，还需要学习很多东西，比如出版规范和规定、出版流程、基本的印刷工艺等，还需要通过全国出版专业技术人员职业资格考试。但是通过资格考试并不等于可以胜任编辑工作，编辑还需要在工作中不断地学习，不断地积累。为了促进新编辑成长，教育社有很好的制度——导师制，每个新人来到社里都会安排导师进行辅导。虽然我到出版社工作的时候没有名义上的导师，但是在后来的工作中我有幸跟两位师傅学习了很多东西。在做教材教辅编辑的时候，唐秋德副总编经常跟我讲很多关于出版的事情，告诫我“要做出版的有心人”“用心去做出版”，我们还讨论了许多关于出版规范和导向、选题策划、成本控制、资源开发等的问题。他会给我一些图书成本测算方面的资料，向我推荐一些图书，提醒我一些出版应该防范的风险等，还带我做选题。印象最深的是他带着我与玉林市教科所一起做《新课程问题教学法实验与研究》这部书稿，后来开发了学生用书《新课程问题教学法学习指导》。通过策划选题、负责项目等，我收获了很多，比如如何与作者打交道，后来我与很多作者都成了朋友。分管发行之后，我又跟着营销部刘朝东主任学习。发行业务不懂就是不懂，不能装懂，否则会出大问题。我在发行方面是新人，为了尽快熟悉业务，我主动向前辈学习，跟刘主任一起跑市场，跟客户沟通交流，私下跟刘主任讨论业务。我记得刚负责发行工作的时候，一个月里跟刘主任跑了 8 个省市，学习老业务员是如何做业务、摸市场、控制风险的。慢慢地，我对发行工作有了一些了解，对市场图书也有了进一步的认识。我很庆幸有两个师傅能把我“引进门”，让我摸到出版行业的一些门道，但是我知道这些还不够，我还需要向更多人学习。

二是多实践、多思考、多交流。平时我们常说提升编辑力，那什么是编辑力？简单理解就是一本书稿给了你，你能不能把这本书编好，能不能给作者提出建设性意见，把书稿提升一个层次，能不能把书稿变成一本精品图书。编辑如何提升编辑力呢？我觉得没有别的办法，“千里之行，始于足下”，就是要认认真真地做好每一本书，然后不断总结经验教训。有的编辑出版了一本书之后，就放到书架上不看了，这样不行。自己做的书，出版之后也要拿来翻一翻，看哪些地方做得不好；还可以请别人提提意见，在团队里多交流，看看有哪些地方可以改进。编辑的个人能力提高了，才

○ 本文作者（左二）与《新语文读本·小学卷》的主要编者在一起

有出版社整体出版能力的提高，才能推出一本本好书，这是我们的核心竞争力。

三是做一个积极主动的人。在团队里，应该抱着开放的心态，积极地对待每项工作，主动承担团队工作。在工作中遇到问题的时候，要大胆主动向别人请教。同时，编辑要多逛书店、多看书。通过逛书店可以了解市场上出了哪些新书，哪些书好卖，书店重点在推哪些图书，它们有什么特点，等等。书店逛多了，慢慢地就会对书有感觉。不同的书设计风格不一样，用纸、用色、印刷工艺也不同，这些编辑都需要了解。不仅是一般图书，教辅图书也需要研究。现在的教辅图书设计得很精美，编写理念很先进，链接的资源也很丰富，很多做教辅的出版社不只是在做图书，更是在做课程资源、做服务，这些都是我们应该学习的地方。编辑如果不逛书店，不研究图书，很容易变成井底之蛙。事实也证明，能够主动学习的编辑往往成长比较快，也能够较快进入出版工作状态。

四是广交朋友。很多著名出版家在谈其出版经历的时候，都说到要多交朋友，要跟作者交朋友、跟渠道商交朋友、跟媒体交朋友，还要跟同行交朋友，等等。16 年的出版工作中，我跟很多作者、老师都成了朋友，他们给了我很多帮助，让出版工作开展得更加顺利。所以，我觉得编辑还要做好“广交朋友”这门功课。

五是要永远保持一颗努力前进的心。有这样一个故事。有一天，一个人闲来无事，坐在角落里静静地观望着面前的一个普通蝴蝶茧。蝴蝶似乎用尽了所有的力气也无法突破那个茧。于是，这个闲人决定帮助这只可怜的蝴蝶，他拿起一把剪刀，把茧给剪开了。蝴蝶因此轻易地出来了，可是，它身体干瘪，翅膀无力。这只可怜的蝴蝶终生只能爬行，永不能飞翔。原来蝴蝶必须经历艰难的“破茧而出”的过程，它的身体和翅膀才能变得强壮、有力，一旦破茧而出，蝴蝶便可以飞翔。通过这个故事，我们可以看到，一个人的成长，最重要的是自身的努力，编辑的成长也是如此。

以上是我的一些经历和体会，恐难登大雅之堂，甚至有些看法不全面、不正确。不过我始终相信，做好书离不开好团队，至少在教育社如此，因为教育社的“团队作战”无时无刻不在起作用。

有这么一句话，真正的团队“始于萍水相逢，融于同甘共苦，达于勠力同心”。让我们携起手来，共同打造好团队，做出一本本好书，做好一个个项目，我相信出版的明天一定会更好！

（本文作者时任广西教育出版社副社长、副总编辑，现任总编辑）

# “书”画同营

## ——谈做书与作画的关系

杨 勇

我既是编辑，又是画家，所以选此话题谈谈做书和作画的一些体会。

题目中的“营”是指广义的“经营”，不仅仅指我们常说的商业经营，所以不要理解成“一边卖书，一边卖画”。

南朝齐谢赫在《古画品录》里提出“六法”论，其中的“经营位置”指一幅好画的构图因素。这里要谈的，包含了“经营位置”，又延伸更广一些，指如何画一幅好画，怎样成为优秀的画家；如何做一本好书，成为优秀的编辑。

“书画同源”，如果要追溯，其实编辑与书画也同源，图像和文字一出现就有了编辑。但是我们发现，词典有编辑的定义，业界也有很多关于编辑的论文，但学科门类上却没有像“书论”“画论”一样自成体系的“编辑论”，新兴的编辑学理论体系也还在发展完善中。

在18年的编辑工作中，我发现做书和作画之间有很多共同点。因此，我想借助一些画理和对画画的体会，从立意、经营、蒙养等方面谈谈对做书的认识。

立意、经营、蒙养，这几个词不是编辑学的概念，看起来像野路子。是的，我就想谈一些与编辑专业课程、编辑学以及我们受过的业务培训不一样的东西，或许不那么严谨，不那么系统，不那么深刻，但这是我自己实践得来的认识和体会。

## 一、立意——一本好书的重要基础

做书同于作画，是一门艺术，要有自己的立意。好作品最主要的因素就是独特的立意。

谈立意之前，首先要认识到编辑是一项富有创造性的工作。

一直以来，大家都把编辑当作是“为他人作嫁衣裳”，促成别人的好，自己却没得到什么。我们应该敢于去审视、怀疑，甚至否定人们的惯性思维。编辑是一门学问，是一项极富创造性的工作，是一项有思想的活动，是一种艺术行为而不仅仅是服务行为。只有认清自己的价值，充满自信，才会产生更多的思考并激发创新思维。

编辑是在作者立意的基础上进一步升华，优秀的编辑还能引导作者、培养作者。在给作者编好一本书时，编辑不但完成了从书稿到书本的工作，而且完成了编辑自己的一件作品的工作，完成了一件具有创造性的艺术品的工作。

1. 什么是立意

立意是作者各方面思想意图的总和。作画的立意体现在题材、主题、意境、笔墨、形式等方面，而做书的立意体现在选题、书名、内容、思想、形态等方面。立意要以吸引读者、传递价值为导向，它的本质是创新思维。

例如，齐白石的《蛙声十里出山泉》和李可染的《万山红遍》之所以分别成为这两位大师的代表作，就是因为其围绕主题巧妙立意，充分表达了诗词的意境。这两幅画都可以归为主题性创作。

那么，是不是只有表现某个主题才叫有立意呢？不尽然。立意有不同的内容、不同的方向，可以是主题，也可以是形式，可大可小，只要表达了作者的思想意图，都可以叫立意。尤其对美术作品来说，即使不表达特定的主题思想，纯粹出于对美的形态的思考，也可以成立意，因为“美”本身就有价值。比如，吴冠中先生在形式美感上的探索和创新，开创了中国现代艺术的新局面。他的很多作品以水乡、枝叶等为题材，提炼点、线、面、色的构成关系，没有主题思想，甚至完全抽象，但依然是耐人寻味的好作品。

所以说，立意的概念大于主题，包括了思想内容和视觉形式等。画一幅画，做一本书，至少要对其一进行重点思考。当然，若能在多个方面都有独特的创意，而且相互关系处理得很好，互相不“打架”，那就更好了。

立意要突出与众不同的特点，要与他人、与自己做过的有明显区别。人云亦云，按常理出牌，按套路做书，就不能说有立意。

2. 立意的作用

那么，做书要从哪些方面立意呢？如前所述，可以从选题、书名、内容、思想、形态等方面立意。具体地讲，就是选题策划的内容要新，与众不同；有新颖的书名，给人留下深刻的印象；有严谨、流畅、新颖的结构，或向读者传达思想、知识和情感，或记录历史资料、传承文化；有别样的形态，给读者带来快乐的阅读体验和美的感受。

以我早些年参与的两个项目为例，说说内容和书名的立意。

《中国设计史》原先的书名叫《中国艺术设计史》，是作者从事10年工艺美术史和工业设计教学与实践所形成的成果。工艺美术史与艺术设计史的研究对象大体一致，前者侧重装饰性、欣赏性的工艺研究，后者侧重艺术设计的研究。作者研究角度的转换在当时是前沿的，也是缘于他的老师从日本留学回来时给他写的寄语——“希望早日见到中国的工业设计史”。

遗憾的是，市场上直到现在还找不到一本《中国工业设计史》。为什么呢？因为许多人认为中国没有设计，只有手工艺，工业设计是西方的，是英国、德国的。其实不然，我们的老祖宗聪明得很，这本书就是回答这个问题的，它探讨了与人们日常生活相关的产品及其艺术性和使用性的关系。

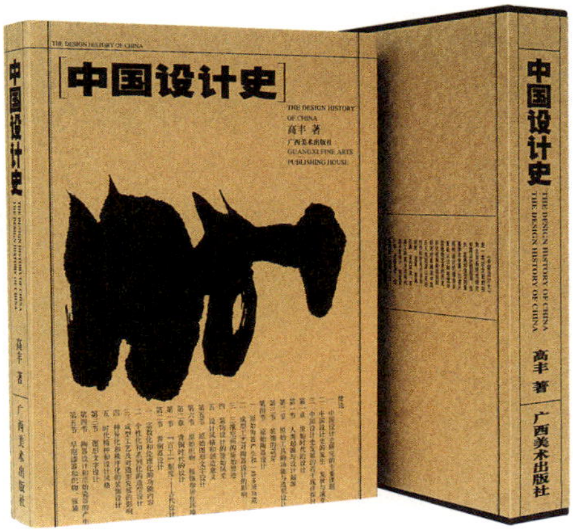

○《中国设计史》

没有《中国工业设计史》，用《中国设计史》取代行不行？哪样工业产品没考虑审美？我记得当时黄宗湖总编辑给作者打了个电话，他们是同学，黄总编直接建议将书名改成《中国设计史》。这个书名的立意，实际上填补了空白，确立了本书在学术界的地位，这是一件十分了不起的事情。可惜的是当时没有好好地宣传，比如举办学术研讨会等。后来这本书被台湾书商看上，买了版权在台湾地区出版。

这个书名立意把书稿大大提升了一个层次，很大气。从那时候我知道，编辑还能这样做。

如果说《中国设计史》的书名立意奠定了书的学术地位，那么，另一套书的书名立意则带来了经济效益。

这是我们做的一套幼儿师范美术教材。这套书在策划选题的时候，原本是按常规的上、中、下来分册，后来我跟 3 所学校的老师交流后，了解到当时全国幼师专业学制多、师资力量差异很大，有三年制的，有“3+2”的，有专业班，有普通班，等等。如何兼顾？想来想去，就以可以弹性使用为立意，不分上册、中册、下册，而按门类和教学要求来分，免得有的学校教了上册

○ 全国幼儿师范美术教材，从左至右依次为《鉴赏·造型》《设计·应用》《绘画·创作》

没教下册或教了中册没教下册，学生就毕业了。在此之前，我全程参与了义务教育新课标美术教材的编写，对这套教材比较熟悉，从它的体例中得到了灵感。新课标美术教材分为四个学习领域：欣赏·评述、造型·表现、设计·应用、综合·探索。于是我借鉴了一下，将上册、中册、下册分别改成《鉴赏·造型》《设计·应用》《绘画·创作》，不同的学校可以根据自己的情况选订其中的一本、两本或全套。这样既传达了教材的理念，又满足了不同学制选择性使用教材的实际需求，从而赢得了市场。后来，事实证明了这个立意是正确的，三本书各自的订数是不一样的，最多一册和最少一册的差距是倍数级的。

现在这套书的总销量已超过了 50 万册，还会继续卖下去。在广西美术出版社，有这样市场反响的书不多。

3. 立意的原则

中国画讲“意在笔先”。清代“四僧画家”之一石涛说“搜尽奇峰打草稿”，说的就是师法自然的重要性。做书同理，立意的前提是要深入生活。

2019年，我们举办了书籍设计艺术展，邀请了几位大咖做讲座，我很敬佩他们。其中一位是设计师刘晓翔，由他设计、我社出版的《长征颂歌：连环画〈地球的红飘带〉艺术研究》和《文爱艺爱情诗集》获得了设计大奖。刘晓翔提到，他在做设计之前要充分读懂那本书。从他所举的例子可以感受到，他或许比编辑更理解书的内涵，这就是他成为设计大咖的原因之一。设计立意之前一定要充分理解书的内涵，这好比画家要深入生活。

《我们脱贫啦——第一书记镜头中的定坡村变迁》是我社2020年的一个主题出版项目，我对这本书非常感兴趣，寄予厚望。定坡村是一个极度贫困村，它的驻村第一书记是自治区人大常委会办公厅派遣的。我跟同事潘海清与这位第一书记首次见面交谈时，我就感觉到他有刚毅和仁爱的气质、肯于担当的精神，还有一点艺术家的气质。他跟我们分享了很多村里的故事，其中一个讲到，他刚下乡做第一书记的时候，抢救了一个8个月大的孩子。当时孩子被羊肉噎住了，气息奄奄，众人束手无策，他凭借当兵时所学的急救知识挽救了孩子的生命。以前有的群众还不太配合他的工作，从那时起，村民们都很配合他的工作了。这让我感到敬佩，更觉得他不一般，会有很多不一般的故事。而且，他刚开始下乡就有用镜头记录工作的计划，能够提供许多第一手资料。

于是，我对这本书更加感兴趣，想把它做成一本有故事、接地气，有历史记录价值和人文关怀的书，而不是仅仅为了完成主题出版任务的应景之作。

那么，如何立意呢？编辑得对这个村、对第一书记的工作情况充分了解，只有理解透，才能把细节做好。构思、立意前，我和责任编辑潘海清就决定到扶贫点体验生活，我去了两次。稿件收齐后，我们还邀设计师一起下去体验了一次。

“本于立意而归乎用笔”，立意能不能充分地表达出来，还要看细节具

○ 带领编辑走访定坡村

○ 《我们脱贫啦——第一书记镜头中的定坡村变迁》

体怎么做。下面我就谈一谈“经营”。

## 二、经营——打造精品的工匠精神

做书与作画在内容、组织结构、视觉形态上的经营方法相通：不需要的去掉，需要的留下，缺少的增补；有个性、有节奏、有美感地进行编排、装帧；精选最适合表达图书内容和编辑立意的材质，并根据材质选择工艺和表现手法。

我们可以借鉴作画的处理方式来做书。要学会取舍，这个概念比较容易理解，在此不赘述。下面我就谈谈移借、编排、选材和工艺。

1. 移借

“移借”其实也容易理解，就是这里缺少的，而别的地方有，而且适合你用，就借过来用。不愿意去移借，来什么书稿，我就排什么内容，会删不会增，这其实是一种懒的表现——懒得动脑，也懒得动手。殊不知，若你肯去做一些移借的工作，书稿的质量就会提高一个层次。

我的老师黄格胜教授在写生方面就是移借的高手。例如，他的这幅《靖江王陵》中的两棵树是从别处“移”来的，没有这两棵树，画面就不完整，就少了层次、少了意境。

○ 《靖江王陵》（黄格胜作品）

再看看我画的这幅《诗和远方》。我是对着照片画的，但我没有只按照片来画，不是有什么就画什么。我觉得画面如果多一条河，景色会更美、更活，所以就移借了一条小河过来。像这样两岸布满大小石头的山间小河，我平时出去写生时见过很多，放到这画面里很合理，大家觉得如何？

○《诗和远方》画作（杨勇作品）

○《诗和远方》实景照片

再举《中国设计史》这个例子，这本书写了 10 年，以前收集图像的技术和设备都比较差，作者给来的书稿中，图片少且大多比较模糊。

这本书由我来负责编辑，版式也是我设计的。我对这本书要求比较高，也很有干劲。我看稿之后进行初排时，觉得图片太少了，而且有的图片确实质量太差，于是列了清单给作者，请他找资料重拍。作者尽了他的能力，也就补了 70 张，替换一部分和补充一部分图片后，又列了一份书目给我去找资料。为了达到想要的效果，我去找了很多书，而且自己还买了几本，都很贵。从这些书里头，这本一幅、那本两三幅地去“移借”。作者两次提供的彩图总共 104 幅，但书出版时，彩图数量翻了一倍，也就是说，我找了 100 多幅图来补充。这些图不是见哪张好看就随便选的，我是读完了二三十万字的书稿，再针对文中提到的比较重要的物件，翻找了大量资料才寻找到的。

2. 编排

“工笔新经典”系列的作者们，都是当代中青年工笔画家的代表。这些作者是很多出版社所关注和熟悉的画家，出版过不少书，比如安徽美术出版社的“画境”系列、福建美术出版社的“当代工笔画唯美新势力”系列等。

我研究了这两套书后，觉得有信心做出特色、做得更好。于是，我决定仔细策划这套书，把每一个细节都经营好，要超越前人之作。我们通过讨论，决定采用“工笔新经典”这个丛书名——“新”和“经典”本来是相互矛盾的，经典一定要经过时间和历史的检验，但是我们又以自信的、具有前瞻性的眼光，认为这些画家的作品必将成为这个时代的经典。

因此，丛书的每个细节都要按经典的标准去经营。

首先，在内容的编排和选择上，文字部分我们坚决摒弃那些吹嘘夸捧的成分，拧干水分，只保留那些实实在在的体会和感悟。充斥着商业吹捧的图书是留不下来的，我们想做的就是在很久以后回头翻看还是耐人寻味的书。所以对相关文章包括画家自己的感悟，我们只选择有价值的片段来使用，将文字以片段的形式穿插在版式之中。这不仅是一种不累人的阅读方式，也可以与作品图片在设计上形成一种点线面的关系，这就是在编辑和版式经营上的创新点。

其次，在选图上，我们要选择一些创作草图和绘画技法。草图最能反映画家创作过程的思考。而对于技法，常规的编排方法就是按第一步、第二步、第三步的顺序介绍，直到完成。我觉得这有点啰唆，因为画画有相当多的步骤是雷同的，即便不介绍，读者也懂，因此我主要选择这些画家所特有的技法。这是一件非常不容易的事情，因为这都是画家自己的秘诀，是他吃饭的本钱，想挖出来得费极大的劲！事实上我们这套书也只能挖出一小部分，但是这已经很可贵了。这就是在图片和理念上的一种经营和用心。

再次，这套书在装帧和排版上也下足了功夫，既要保证配得上经典作品的品质，又要考虑成本。在装订上，我借鉴了河北美术出版社当时刚刚推出的一套历代国画名家作品集的裸脊装订法。我发现这个装订法使得书本能够完全摊开，这样一来，在版式设计上就有了更灵活的空间。因为书可以平坦地打开，就意味着跨页图不会影响到读者的阅读，我就可以采用较多的跨页版式把局部放大，那么，我的开本可以比“画境”和“当代工笔画唯美新势力”系列都小，但是图片的很多局部可以比它们的大。这一点点创意让这套书有了比较好的市场。

在版式的一些细节上，我还得到了我们社陈凌设计的《漓江画派·第四辑》版式的启发。她所使用的辅助线很精致、很美，我也借鉴了，再加以改变。

设计封面时，我故意在四周留白边。大家都知道，书籍在装订切割时会有 1 ～ 3 毫米的误差，如果切得不好，四周的白边会不均匀，容易这边大、那边小，对比很明显。本来留白边是为了显得精致，如果造成那样的效果，就适得其反了。而且书脊也采用了这样的处理方式，因为书脊更小，更容易产生偏差，所以这样做风险更大。我们在与工厂对接的时候，不断地强调这些工艺要求，也选择了较好的工厂，所幸到目前为止，每一本书都达到了我们预期的效果。

封面设计上还有个细节——书脊的那块绿色底不是矢量图填充的，而是有肌理、有层次的，是画出来的，最少经过了 20 层的渲染和冲洗才有这样的效果。如果是矢量图呢？那么它呈现出的效果就比现在的要差远了。这块颜色是从李传真的一幅画里面的背景切割下来的。为什么李传真的作品那么耐看？就是因为她的画是反复地染、洗而画成的，画得很厚。

其实设计是要讲感觉的。这套书我做了两本之后，由编辑吴雅来接手。她排好第一本后发给主编看，主编跟我说：“挺好！但就是版式上感觉少那么一点点东西，达不到这本书的效果，又说不出具体是什么问题。”其实我也有这种感觉。后来请吴雅慢慢体会，慢慢调整，其实调整的幅度也不大，但是调整后效果明显好了很多。吴雅找到感觉了。再后来，编辑廖行也接手

○“工笔新经典”系列部分图书

做了一本，也要求他按这个版式去做。排完版后他请我和吴雅一起去看，我跟吴雅刚看了几页，就异口同声地说：“受到‘学一百通’系列影响太大了，感觉没对路。”“学一百通”系列是国画入门书，“工笔新经典”系列是经典层次，这样的版式配不上“工笔新经典”的品质。后来经过好几轮的调整，廖行也找到了感觉。这就是所谓的“书感”。

一般像这么厚的一本书都被视为画册，而大部分画册的市场销量都很有限。可是，《工笔新经典——人物画技法》这一本已经印刷了五次，而且版权卖到了台湾地区。这一系列已经有好几本书的版权卖到了台湾地区。

3. 选材和工艺

《张仃全集》的整个编辑过程其实也有很多故事可以讲，在此简单说说封面的选材和工艺。

周晨是国内优秀的书籍装帧设计师，设计的书获评过很多次“中国最美

○《张仃全集》

的书”，由他负责这套书的设计。起初，他拿出了一套设计方案，整体分为好几种颜色，张仃先生的一类作品就用一种颜色。后来在北京开编委会的时候，他带来了三本不同颜色的样书。编委们经过不断地比对、讨论后，敲定了现在的书匣和封面的组合方式。这两个颜色的搭配已经雅到了极致，书匣有“大家”的厚重感，封面又突显了张仃“土地艺术家”的特质。后来不少人评价，这两种材料的组合已经无法超越了，也就达到了我的预期。

这个效果很大程度上归功于设计师坚定地选择了现在使用的书匣材质，在这一点上我很敬佩周晨这个设计师。当时我也觉得书匣的材质很好，但存在一个问题：这种纸只有80克重，太薄了，要支撑这么厚重的一本书风险太大，工厂也不敢接。工厂建议换纸，但是找来找去都还是觉得这种纸张的颜色和质感最合适。这个书匣的包装方式还打破了常规，按常规的做法，天头地脚是有布头的，布头起到加固作用，而设计师的理念是简洁大气，因此不要布头，这的确是一个大胆的设计，品位很高。那么问题就来了，如何固定？我作为项目负责人，在工厂的意见和设计师的坚持之中左右为难，迟迟拿不定主意。后来还是请工厂研究一种新的工艺来做尝试。恰好他们刚刚研发了一种新的胶水，韧性强，用来粘连灰卡纸很牢固，相当于可以忽略纸的支撑作用。后来我们装订了样书，做了破坏性实验，就是拿这本书倾斜 45 度角，离桌面 30 厘米，让书角向桌面做自由落体运动，反复三次，书没有开裂，达到了我们的要求。这种纸是日本产的，付印的时候，在中国内地才有 1000 张纸。我们又问了中国香港的经销商，那边有 1500 张，也订了回来，但是离我们的需求量仍然有很大的差距。日本也没有现货，因为这种纸只能定制，而定制需要 3 个月的时间，航运又需要 1 个月的时间，所以我们分了两批来装订，两批时隔将近 5 个月。好书就是这样做出来的。

很多画家对材质十分讲究，因为只有特定的材料，才能出特定的笔墨效果，才能表达他想要的意境。比如，徐悲鸿、傅抱石所用的纸张都是特制的，别人是没有的。

做书也是如此。从那些“中国最美的书”“世界最美的书”就可以看出设计师们在材料和工艺的选择上都下足了功夫，但这个过程中要经过多少次试验，我们就不得而知了。比如，2016 年“中国最美的书”评委会给《订单——方圆故事》的评语为：“封面采用包装纸，书名仿照订单，选材和设计都很新颖。以出版社往来信件作为开头，每一页的签名都附上不同的肖像，趣味十足且富有个性。设计打破常规，在前言和目录之间插入图片，书口呈动画图像翻阅形态，激发读者去探寻和发现。”

选择材料有时候也隐藏着一些风险。比如“李可染的世界”这套书，封面选择了仿绵质皮革材料，视觉、触觉体验都很舒服。可是这种材料是新推出的，我们之前没用过。现在才过去几年时间，一拿起书，外层材料就纷纷掉落。这对于李可染重要的大画册来说，是很大的遗憾。这不能怪谁，新材料有时候就隐藏着这样的风险。所以，大家在选择材料时也要以此为鉴。

## 三、蒙养——一个编辑的业外功课

古代将幼儿教育称为“蒙养”，《易经》有云：“蒙以养正，圣功也。”这里的“蒙养”主要指品行修养的启蒙教育。在石涛的画论体系中，“蒙养”是一个核心概念，与“生活”共同构建了石涛绘画美学思想的基本框架。《苦瓜和尚画语录》第五篇有一番论述：“墨之溅笔也以灵，笔之运墨也以神。墨非蒙养不灵，笔非生活不神。”石涛研究者们对这里的“蒙养”做了不同的解读，早期解释为“修养练习”“技巧修养”，后来又解释为“自然山川浑然一体的本质特征和内在的生命神韵”“自然审美对象和绘画形象的内在生命力、内在美”，从绘画主体人的技术层面推导到了绘画客体物的形而上，不断丰富着“蒙养”的内涵。无论何种解释，所指的都是画外滋养的因素。这里讨论的重心不是石涛的画学思想，我们姑且把“蒙养”理解为早期的解释。

### 1. 蒙养提升“书感”

蒙养的途径是长期与高人交游、向高人学习和自己不断地探索、创作。“书感”是指对图书选题、内容、形态等品质感知的敏锐度，也指图书给读者带来的观感。这里要谈的是前者与蒙养的关系。

既然做书是编辑的艺术创作，那么，做一名编辑，就要跟画家一样，在蒙养中不断增加知识储备，提高对美的感知力、艺术的表现力。做书人蒙养积累到了一定的程度，“书感”就会自然而然地得到提升。

在我社会议室里，挂着一幅书法《游于艺》，“游于艺”是很多书画家喜欢用来做闲意章的印文。“游于艺”出自《论语》，就是说要多学习礼仪、音乐、射箭、驾车、书法和算术等“六艺”，让自己全面发展。

前辈的经验告诉我们，编辑的学识决定了他所能接触到的作者群，即有什么样的学识就有什么样的作者群。

编辑写作或作画不会耽误做书，只会增长学识、提升“书感”。作品是编辑与作者相互了解和沟通的桥梁，对彼此的认识，从对方的作品中就可以窥见十之八九。我们且不拿鲁迅、黄宾虹这样的大师来举例，就以我社的前辈们为例，比如苏旅、刘新、姚震西等，他们的交游都遍及全国顶级的画家、美术理论家，他们在做书之余，也不断地写作和作画，自然，他们所做的书都是具有高学术、高艺术水准的图书。正是这些前辈们所做的书，造就了我社在业界的影响力。

编辑是文化人，更应该有全面的素养，所以要不停地学习。我就觉得自己在很多方面的能力有欠缺，特别是书读得太少了。我没想到我会做编辑，更没想到会做副总编，做到这个职务，更加觉得学识欠缺，所以也想多学习。

美术界的人说，广西美术出版社很厉害，做了很多好书。可是有一次，原总编辑姚震西的一句话真正触动了我，他说：“外面的人都说我们厉害，其实我们很清楚，我们的编辑学习得太少。”那时候我觉得说的就是我。善于学习、读书多的人就是不一样，比如跟我同一年到社里的冯波，因为读书多，她那份自信、那股气场就自然地流露出来。所以我觉得，她做的书，层次就比我的高，因为她能与高层次的作者对话。这就是编辑长期蒙养的结果。

2. 蒙养造就风格

我们在评论或者欣赏一位画家的作品时，往往先讨论他的艺术风格。风格就是艺术家区别于他人的艺术特色，体现了艺术家个人的审美情趣、价值观和综合素养。有自己的风格是一位画家成熟的标志，风格是识别个人艺术特色的标志，更是画家价值观的体现。

优秀的画家必然有自己独特的风格，能被人们称为绘画流派写入美术史的，也必然有自己的画派风格。其实，优秀的编辑也应该有自己的做书风格，一家优秀的出版社肯定也有自己的风格。风格不是板块、品牌，而是一种别人很难模仿的内在气质。所以，风格是编辑追求的最高境界。

那么，如何做到有风格呢？我想这不是意识到了就可以一蹴而就的。首先要明白，风格不仅仅是特色、特点，不仅仅是标新立异，风格是具有厚重的文化基础的，是经得起时间检验的高级品格。比如姚震西所做的书，即使不看署名，即使是设计、国画、理论等不同类型的书，即使不是由他亲自设计的，但一拿起来，总能让人感知到那是他做的书。我也不懂得怎样用一句话来总结他所做的书的特点，如果用一个字来概括，那就是“雅”。这就是编辑做到了有自己的风格。陈凌设计的书，也能让人一看就知道是她设计的。这些都是我社的编辑，而全国还有很多这样优秀的编辑值得我们学习。

风格必须在蒙养中逐渐形成，风格是从有意识地追求到综合认识的自然呈现，优秀的编辑是从追数量到追品质，编辑在风格方面的有效积累是从量变到质变的。

## 四、结语

艺无止境，无论是画画还是做书，都是一个不断修炼的过程；艺无定式，无论是画画还是做书，都要不断地尝试和创新。

（本文作者系广西美术出版社副总编辑）

# 重点图书的打造

## ——以《中国南亚热带蚕丝学》为例

陈勇辉

近年来，随着新媒体时代的来临，传统出版业受到前所未有的冲击，加上品种同质化日益加剧，图书市场竞争激烈，出版社为了提升竞争力和增强生命力，纷纷谋求转型和创新发展。在此背景下，精品出版成为出版社转型的重要抓手，也成为出版社在市场上提升品牌影响力的重要武器，更是出版社角逐国家图书四大奖（“五个一工程”奖、中国出版政府奖、中华优秀出版物奖、“中国好书”奖）的重要保证。精品出版离不开出版社长期的选题储备，离不开作者的用心撰写，离不开编辑的精心策划，更离不开编辑对重点图书的精雕细琢。重点图书是精品出版的核心，它的出版不是一蹴而就的，必须要经过长期的谋划、精到的组稿、细心的打磨，需要编辑在选题策划、作者遴选、编辑加工、装帧设计、营销推广等环节深度介入、全面统筹，要在具体的编辑工作中抓好落实。

2020 年 10 月，广西科学技术出版社为了提高编校人员的选题策划能力，激发编辑做好书的热情，促使编辑养成读好书、做好书的习惯，动员全体编校人员阅读“中国好书”。编校人员各自从 2019 年度的“中国好书”中挑选一本阅读，从选题价值、作者遴选、编辑加工、装帧设计、营销推广等角度深入学习、系统研究，并把自己对好书的理解写成文章，让全体编校人员互相学习、互相借鉴。社里举办了“我眼中的‘中国好书’”专题研讨会，有 6

位编辑上台分享了他们的读书体会，他们对好书的理解很到位，体会很深刻，分享也十分精彩，深深打动了我。通过这次研讨会，编校人员形成了读好书的氛围，编辑做好书的意识得到了强化，活动收到了较好的效果。编辑已经有了做好书的意识，那么在具体的编辑工作中怎样去落实呢？这需要我们进一步去思考和实践。基于此，下面以我社的重点图书《中国南亚热带蚕丝学》为例，围绕作者遴选、选题价值、基金申报、编辑加工、装帧设计、营销推广等方面分享打造重点图书的成功经验。

## 一、选择《中国南亚热带蚕丝学》作为案例的缘由

选择《中国南亚热带蚕丝学》这本书作为案例，主要基于以下几个方面的原因：

一是这本书由我全程操刀，就像现在的项目负责人或产品经理一样，我对整个项目负责，从选题策划到出版营销，进行了全程的组织策划、统筹推进、落实实施。该项目前前后后耗费了四年多的时间，在此过程中我经历了很多，有顺畅的，有感人的，也有曲折的，还遇到不少困难。把这些经验总结出来，我认为可以促进编辑的成长。

二是我做这本书时，既不是社领导，也不是编辑部主任，只是一个普通编辑。目前编辑普遍认为，只有社领导、部门主任才能策划重点选题，才能拿到重点选题，对做重点图书有畏难情绪，不敢迈出关键的一步，害怕跟高端作者接触。但是我想要告诉大家，只要你能跟作者对上话，能跟作者就其著作进行交流讨论，那么普通编辑也可以策划和实施重点图书项目。

三是这本书入选了“十二五”国家重点图书出版规划项目，获 2012 年度国家出版基金资助、获第五届中华优秀出版物奖图书奖，荣获了出版界很多

获奖证书

广西科学技术出版社：

你单位出版的《中国南亚热带蚕丝学》荣获第五届中华优秀出版物奖图书奖。

特颁此证书。

中国出版协会

二〇一五年二月

○ 《中国南亚热带蚕丝学》荣获第五届中华优秀出版物奖图书奖

重要奖项，很有代表性。出版这本书的经验具有较大的借鉴意义，对编辑具有较大的参考作用。

四是选题经过深度挖掘，拓展提升，全面整合出版资源，从合作出版图书打造成了精品图书，实现了把社会效益放在首位、社会效益和经济效益相统一，对编辑坚守学术专著出版具有很大的激励作用，也为编辑打造“双效”图书提供了新思路。

## 二、善于团结核心作者

建造高楼大厦先要有一个好的设计方案，因此设计者尤其重要。对于精品图书出版而言，好作者就是那个至关重要的设计师。编辑在策划重点图书时，一般会从重点领域、学科背景、专业特性、产业发展等方面入手，了解这个领域的总体情况，想出一个选题，然后去找作者，而《中国南亚热带蚕丝学》这本书的诞生是从我与作者顾家栋老师结识开始的。

结识顾老师缘于他为蚕丝业方面的成果寻求出版。在我社时任总编辑苏登兴的带领下，我跟顾老师初次见面，双方简单聊了一下拟合作的图书内容、出版时间、出版费用等相关事宜。后来由于苏总工作变动，我一个人承担了这次图书出版的任务。这对我来说是件比较轻松的事，毕竟已经做了不少类似图书的出版工作，积累了丰富的经验。但在跟顾老师交流时，我隐隐觉得这个选题有着独特的价值，可以深度开发。看着从顾老师那里拿回来的这本书的提纲，我对着那半页纸的内容不断琢磨、不断思考，并查找顾老师的履历等个人信息和相关研究成果，以及蚕丝业的发展动态。

经过查找资料，我发现，顾老师在蚕丝业领域是领军人物、权威专家，他带领团队研究的成果推动了亚热带蚕丝业的飞速发展，促使蚕丝业成为亚热带地区的支撑产业，所以由顾老师领衔的团队的研究成果价值很大。

其实，作为编辑，能遇到高端作者是幸运的，但绝不是偶然的，也不是一朝一夕就能遇上的，我觉得这主要基于两个方面的条件。一是长期的选题运作经验以及作者资源的积累。编辑只有长期进行选题开发，与各个领域的作者多打交道，积攒丰富的作者资源，才有可能对接上高端作者。二是编辑要有慧眼与深厚的编辑功底。有的编辑遇上了好书而成就了作者，有的编辑则认识了好作者而发掘了好选题，这都跟编辑的眼光与经验有关。对于一本合作出版的图书，如果编辑仅仅按正常流程出版了事，没有跟作者建立长期友好的关系，没有充分围绕作者资源进一步挖掘选题的价值，往往会白白错过潜在的好选题。其实，你在选择作者的时候，作者也在选择你，凭什么他要把自己的著作交给你？你要亮出你的本事，拿出出版社的实力，让他觉得交给你是可以放心的。因此，对接高端作者时，要做足功课，要展现出自信。我之前编辑了石元春院士主编的“中国资源与可持续发展丛书”（包括《中国耕地资源与可持续发展》《中国森林资源与可持续发展》《中国水资源与可持续发展》3卷）（获第十三届中国图书奖）、李杨瑞教授（广西农业科学院原院长）主编的“广西百万农民农业科技新技术丛书”（20本）和《广西农业科学院品种录》等系列农业图书，还有中华人民共和国科学技术部编写的《图强·改革·创新——共和国科技事业50年》（获第十二届中国图书奖）、郭曰方老师（中国科学院文学艺术联合会原主席、著名科学诗人）的《精彩人生——人民科学家颂》等重要作者的著作，以及我社出版的《科学养蚕技术彩色图谱》《蚕病害防治彩色图谱》等一批关于蚕桑的生产技术、病虫害防治技术的实用型图书，在相关领域已有较为丰富的编辑经验，因此在与顾老师的交流中我信心十足，获得了顾老师的认可。

对于某领域专家的著作，选题虽看似平凡，但注重挖掘也有可能打造出一部重点图书。所以在平时工作中，编辑要注意收集图书信息，关注学科动态，了解作者的研究方向和成果，积累作者资源，善于团结核心作者，牢牢抓住专业权威作者，这是打造重点图书的重要前提。

## 三、深入挖掘选题价值

顾老师当时做这个选题，只是想把广西蚕业技术推广总站关于蚕桑的研究成果进行总结而已，选题的范围比较窄，还达不到重点图书的高度。于是，我结合选题的内容对蚕丝业进行了调研，发现进入21世纪后，我国实施了“东桑西移”工程，蚕丝主产地发生了重大转移。桑蚕主产区广西的蚕茧产量近十年增加了12倍，2005年起连续五年居全国第一位，占全国总产量的1/3，占世界总产量的20%，超过世界第二大产丝国印度的产茧量。20世纪70年代以来，蚕丝主产地发生了重要转移。1970年，中国产茧量超过日本，居世界第一位。从那时起，地处温带、北亚热带的日本、韩国等发达国家和地区的养蚕业渐渐衰落，而地处南回归线、北回归线一带的中国、印度、巴西、越南、泰国等国家和地区的蚕丝业则快速发展。2005 年起，中国、印度、巴西、越南、泰国 5 个发展中国家的蚕茧产量和蚕丝产量分别占世界总产量的 97% 和 98% 以上。

广西蚕业技术推广总站的很多研究成果是独创的、具有自主知识产权的实用技术，如桑树品种与栽培技术，桑树病虫害与防治，野蚕，南亚热带养蚕技术，南亚热带蚕病与防治，蚕品种与育种技术，蚕种生产技术，养蚕经营，制丝工程，蚕、桑、丝的综合利用，等等。在做足功课，了解了相关的选题背景后，我与顾老师交流，最终决定对选题内容进行扩充并增加作者团队成员。一是把选题范围扩大，不仅限于广西、限于亚热带，而是把整个南亚热带（包括广东、广西、云南等）全包括进来，高度契合国家“东桑西移”战略方针，这样选题就走在蚕丝业领域的最前沿了。二是壮大作者团队，增加了中国农业科学院蚕业研究所、苏州大学、西南大学、浙江大学、华南农业大学、广西大学、广东省农业科学院蚕业与农产品加工研究所、云南省农业科学院蚕桑蜜蜂研究所等单位的教授、专家、学科带头人，与顾老师的团队一起组成新的作者队伍。如此重新整合选题内容、壮大作者团队后，无论是选题的广度和深度，还是编写团队的权威性和全面性，都达到了重点出版物的要求。

一名优秀的编辑，一定要有开发重点选题的意识，不但要对选题的背景进行深入全面的调研，而且要把选题放在全国甚至世界范围内进行定位，善于最大限度地挖掘选题的价值。遇到好的选题，要深度挖掘其价值，这是打造重点图书至关重要的一环。

## 四、积极申报国家出版基金

国家出版基金主要用于资助不能通过市场资源完全解决出版资金问题的

优秀公益性出版项目，在出版行业内具有极高的导向性、权威性和示范性，越来越受到出版社的重视，已成为我国出版行业的一个重要“风向标”。

由于《中国南亚热带蚕丝学》的很多研究成果填补了蚕丝业的空白，具有很高的学术价值，申报国家出版基金具有优势，所以在2010年申报了2011年度的国家出版基金。我对该选题的申报原本信心满满，从没想过会落选，可偏偏在我觉得很稳妥的时候，结果竟然没入选。这给了我沉重的一棒，我深受打击，心里很难过，觉得自己看选题的眼力不够，甚至开始怀疑自己的能力，更不知道该如何面对作者团队。短暂的失落后，我重新振作起来，与作者积极沟通，并认真研究项目申报书，仔细分析其他项目入选的原因，逐项对比，找出自己申报书存在的不足，为下一年度的申报做好准备。经过这样反复的研究和积极的准备，我于2011年申报2012年度国家出版基金，这次不只信心十足，还胸有成竹，因为项目申报书比原来大有改进，把选题价值、作者团队、社会效益等清晰地呈现了出来。果然功夫不负有心人，这个项目最终入选了2012年度国家出版基金项目，成为广西出版传媒集团当年唯一入选的项目，有人戏称其是集团的“星星之火”。

国家出版基金项目的成果体现国家意志、反映国家水准，一个有极高价值的选题要想成功入选，不但要内容好、作者分量够，而且要写好申报书。《中国南亚热带蚕丝学》第二次申报国家出版基金成功，很重要的一点就是申报书填写到位。填写国家出版基金申报书要注意以下事项：一是认真阅读申报指南、填表须知，按照要求认真、规范填写每项内容；二是项目的优势以及项目的背景、意义和社会价值等要分析到位，确保申请的理由充分；三是经费预算要科学，符合行业规律；四是申报书不能出现错别字、病句等编校错误。此外，申报国家出版基金项目要有一股不服输的劲儿，要善于总结经验，这也是打造重点图书不可缺少的精神。

## 五、用心编辑加工书稿

编校质量是精品图书的重要保障，任何谬误都会让精品黯然失色。一旦差错率高于万分之一，所有奖项都跟你无关。因此，在《中国南亚热带蚕丝学》的编辑加工方面，我下了狠功夫。该书近120万字、300多幅图片、190多个表格、350多条参考文献，工作量之大可想而知，在编辑加工时必须整体考虑，既要注意整体结构层次逻辑清晰，也要注意对细节的编校把关。一是对蚕丝业方面的专业知识进行甄别把关。比如，其重要理论和技术是否适合南亚热带地区蚕丝业生产的发展，是否是近年来国内外蚕丝业科学研究的最新成果，是否形成了中国南亚热带地区独特的蚕丝业技术体系，能否代表这个领域的最新发展水平，能否为当今世界蚕丝主产国发展蚕丝业提供重要技术支撑，等等。我对这些专业知识认真查考，再三研判，多次查找资料、与作者讨论，杜绝差错。二是认真挑选图片，剔除清晰度不够的、跟内容不吻合的图片，检查手绘的饼状图、折线图、曲线图、形态图、分解图、频数分布图、回交世代LC–P线图、杂交组合LC–P线图、杂交测交箭形图等是否正确。三是在拉丁文方面，对所有桑蚕相关的拉丁学名一一核查，核对种、属是否对应正确，正斜体书写是否规范。四是在数字方面，通过计算、查找资料和联系作者，核实错误或者疑似有问题的数字。五是在参考文献方面，按照参考文献著录规则统一体例，一一查找资料，核实文献相关内容。其他的内容进行常规的编辑加工，对存疑之处与作者反复讨论，有争议的问题和主编商讨解决方案。经过多次编辑加工，纠正了原稿中的错误，大大提升了书稿的质量和图书的品质。鉴于本书的篇幅较大，章节较多，知识范围较广，所以除了初审的编辑加工，我还将每个校次都从头到尾再看一遍。一分耕耘，一分收获，正是有了辛勤的付出，才有了这本精品图书的产生。

此外，在该书的出版过程中，我还经历了许多工作之外的困难。我们都脱离不了家庭、社会，都要承担许多责任，很多事情是没办法按照自己的想法去进行的。在图书编校的关键时刻，我母亲身患重病需要住院治疗，我的精神受到了很大的打击，身心俱疲，很难集中精力看稿。屋漏偏逢连夜雨，作者团队那边又打来电话说顾老师也得了重病住院了，希望加快进度，让顾老师有生之年能看到本书出版……面对这些突如其来的困难，我一开始不知道怎么办，压力让我喘不过气。但是，工作不能停滞，我忍住痛苦，静下心来，面对现实。我把家里的事情安排好，除了上班时间，还充分利用晚上、周末、节假日的时间来赶进度，尽可能地把时间抢回来，给顾老师一个交代。但事与愿违，虽日赶夜赶，但最终在本书付梓之前，顾老师就离开了，我母亲也离开了，这是我做这本书所经历的深切痛苦，也是最大的遗憾。

编辑加工是出版工作的中心环节，也是一项庞大的系统工程。编辑不仅是图书的策划者，而且是组织者，同时也是把关者。因此，扎实的专业知识、严谨认真的工作态度、精雕细琢的工匠精神、甘于寂寞的奉献精神、顽强的斗志、坚强的毅力，是编辑打造重点图书的必备素养。

## 六、参与指导装帧设计

精品图书除了内容上乘、编校精良，还必须装帧精美。虽有好的内容，编校质量也合格，但是装帧设计平平，在评奖时是会吃亏的。因此，我十分重视《中国南亚热带蚕丝学》的装帧设计。在书稿设计之初，我就跟美编进行了深入的探讨，针对书稿的特点，在开本确定、版式设计、图片处理、字体选择、精要装饰、色彩运用、纸张选定、整体呼应等多方面进行多次交流，从多种设计方案中找到了切合本书的最佳方案。一是在开本确定上，考虑到本书字数多、图片多，以及专业图书的特点和读者对象，最终决定采用大 16 开本（成品尺寸 210 mm × 285 mm），加之体量较大，因此分成上、下两册。二是在版式设计上，在正文每章前均设计一个蝴蝶版的辑封，16 章设计 16 个不同的色块，根据每章内容的特点，在各章辑封设计贴切的图片作为装饰背景，并附上各章对应的文字内容；书眉样式上，双码面为桑叶上面有一条蚕，单码面则是茧，线条就像蚕丝那样，字体细长亦如同蚕丝；文字在天头，页码在地脚，上下对称。这样的设计辨识度就比较高，突显了本书的专业特色，使之有别于其他图书。三是在内文图片处理上，避免平板缺乏生气的布局，而是有些设置色块，有些则把几种形态图组合在一起，形式多样，富于变化，对比直观，一目了然，这样整个版面就活起来了。四是在封面设计上别出心裁，使之充满艺术美。考虑到蚕的实物图给人的感觉不是很好，毕竟有些人看到像蚕这种蠕动的虫子会感到不适，因此封面避免使用实物图，而是采用中国水墨画的手法画一片桑叶，桑叶上面则设计一条仰起头来的蚕。一开始，作者要求封面的字体必须用他们提供的手写体，但这样封面设计就被大大局

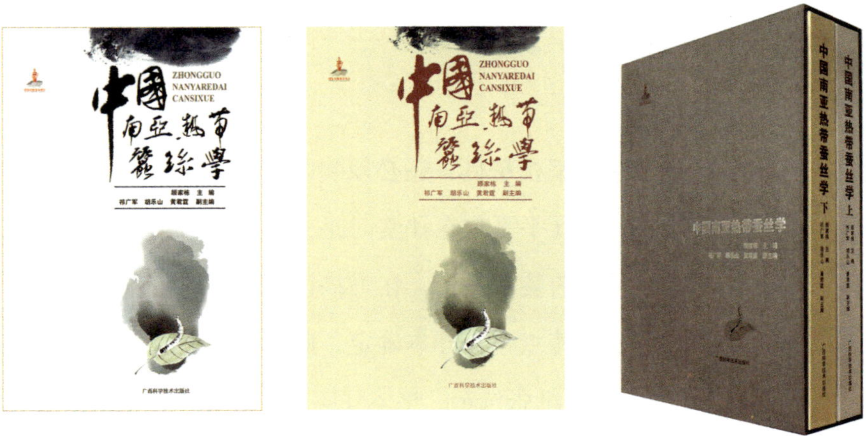


○ 《中国南亚热带蚕丝学》

限了。经与作者充分沟通，与美编共同构思，不断调整设计语言，经过多次组合、并置、拼贴，最终达成了几方都满意的方案。此外，内封的图也是手绘的。在封面用纸上则兼顾设计风格和整本书的呈现效果，选择珠光纸。五是在整体包装上，设计一个外盒，其风格沿袭封面，上、下册两本图书浑然一体，既有厚重感，又有整体感。这样，整套书给人一种蚕丝般的丝滑感觉，封面上一片桑叶、一条蚕、一块蚕茧般的墨迹，既体现了浓浓的中国画艺术美，也完整呈现了本书的专业特色，达到了美感和特色的完美融合。

封面就是图书的外貌，一本重点图书的完美呈现，离不开装帧设计人员对封面的精心构思和设计。在装帧设计过程中，美编的构思设计固然重要，但是编辑作为项目负责人，不能做“甩手掌柜”，不能任由美编怎么想就怎么做，必须尽早介入，通盘考虑，全程参与，跟美编多探讨研究，进行充分的交流沟通，不断尝试，不断修改，不断完善，直至达到理想的效果。可见，注重装帧设计是打造重点图书的重要环节。

## 七、深入开展营销推广

一本重点图书不是印出来就完结了，而是要深入开展营销推广，只有这样，才能扩大影响力，提高知名度，使图书的社会效益最大化。否则，图书就只能躺在仓库，无人知晓，毫无用处。

《中国南亚热带蚕丝学》出版后，我积极邀请蚕丝学领域的专家撰写书评、读后感，并在相关媒体上发表，同时采取多种方式发布新书讯。虽然该书是专业图书，读者范围比较窄，一般都是蚕丝业相关的生产管理人员、技术人员、科研人员、教学人员及经营者等，但是通过一系列宣传报道，并通过馆配方式进行营销，同时在蚕丝行业系统发行，最终销售了 2000 多册，取得了较好

广西日报

广西日报传媒集团出版 | 2013年4月10日 星期三 农历癸巳年三月初一 | 今日12版 国内统一刊号：CN45-0001 第22547期

10 红土地

农业部责编 主编：覃丰将 编辑：邓集 美编：李宁可 值班电话：0771-5690090 电子信箱：nyb@gxrb.com.cn

“东桑西移”织就智慧之“茧”

——《中国南亚热带蚕丝学》读后感

张国政

进入21世纪以来，我国出现“东桑西移”现象，广西蚕桑业飞速发展。如今，广西桑园面积和蚕茧产量连续8年位居全国之首，2012年广西蚕茧产量占全国总产量1/3以上和世界总产量1/4，广西蚕茧产量已经超过世界第二大蚕茧生产国印度。

很多年以前，广西蚕业技术推广总站研究员顾家栋就萌生编写一部综合性专业书籍的想法，作为南亚热带蚕区科研和生产的工具书。经过多年的设计、编写、修订，由顾家栋主编，汇集国内蚕丝业45位专家共同编著的《中国南亚热带蚕丝学》出版发行，为以后南亚热带蚕丝业迈上新台阶添砖加瓦。

这部著作在概述蚕丝学基本理论与应用技术的基础上，突出介绍中国南亚热带蚕桑产业技术内容、技术创新与技术特色。无论是在国内还是在国际上，都填补了南亚热带大型蚕丝专业书籍的空白，既有利于普及和推广现代蚕业科学技术，全面提高南亚热带蚕区行业从业者科技水平，又共享了南亚热带蚕品种选育方法。

近10年，我国在蚕业科技上取得多项重大成果：2003年西南农业大学率先完成家蚕基因组“框架图”绘制；2009年完成世界第一张家蚕基因组精细图谱；2008年成功开发彩色茧基因蚕品种，突破国外技术封锁。这些都是我国蚕业科研人员取得的世界一流的成果，都为新“丝绸之路”的建立做出巨大贡献。

《中国南亚热带蚕丝学》集全国蚕丝业最顶尖专家之力，内容全面覆盖蚕桑生产、科研、缫丝等各个环节，毫无保留地把几十年以来的成功经验和前沿理论技术以文字和图片的形式展示出来，堪称蚕丝业专业书籍中的新经典。

○ 刊登在《广西日报》上的《中国南亚热带蚕丝学》读后感

的经济效益，较好地实现了社会效益和经济效益的统一。

虽说酒香不怕巷子深，但好书却怕无人知。不重视图书质量，图书就会先天残疾；不重视图书宣传，图书就会失去生命力。一名优秀的编辑，不光是图书的整体设计者，更应该是图书走向市场的重要推手——不光要出好书，更要卖好书，卖好书则更是编辑出好书的初衷。因此，编辑还要具备市场意识，熟悉营销推广手段，从而根据图书的特色和受众，量身定制，精准宣传，精准营销。

上述关于打造《中国南亚热带蚕丝学》的所有环节，一环扣一环，任何一个环节没做好、没做到位，就会前功尽弃。做重点图书是编辑职业的执着追求，精心周密的策划是打造重点图书的首要因素，权威高端的作者是打造重点图书的关键因素，优质先进的内容是打造重点图书的重要因素，精雕细琢的编辑加工是打造重点图书的保障因素，精美独特的装帧设计是打造重点图书的支撑因素，精准到位的营销推广是打造重点图书的核心因素，这些因素相互影响、相互作用，共同促成重点图书的成功打造。因此，在编辑工作中，必须认认真真做好每一步工作，严格要求自己，把做重点图书作为编辑一生的职业追求。

（本文作者时任广西科学技术出版社试岗总编辑）

# 从书籍装帧到书籍设计

## ——建立新型文编、美编关系

郭树坤

阅读是修行，做书是苦旅，图书编辑担负着采集、加工、优化、积累和传播人类优秀文化的重任。从书籍的形态方面考虑，我们应该给读者做怎样的书？什么样的书籍形态符合这个时代读者的阅读需求？这是每一位出版工作者需要考虑的问题。

在传统的出版社，文字编辑（简称“文编”）和美术编辑（简称“美编”）各自有不同的职责和分工，文编主要从事文字编辑工作，包括审阅稿件、润色文章等；美编主要在书的形态、用料和制作等方面进行工艺和艺术设计。文编和美编在日常工作沟通中存在较大分歧，难以充分沟通，工作关系呈撕裂状态，是业内较为普遍的现象，这使得当下的出版工作效率低下，难以满足新时代读者日益增长的个性化阅读需求。

造成这一现象的重要原因是文编和美编各自对书籍的设计工作存在认识偏差。

## 一、编辑设计思维与认识偏差

在传统出版社，文编和美编各自的封闭性思维和封闭性知识，导致双方在工作中出现“盲维”。文编通常只做文字工作，美编通常只做书籍装帧设

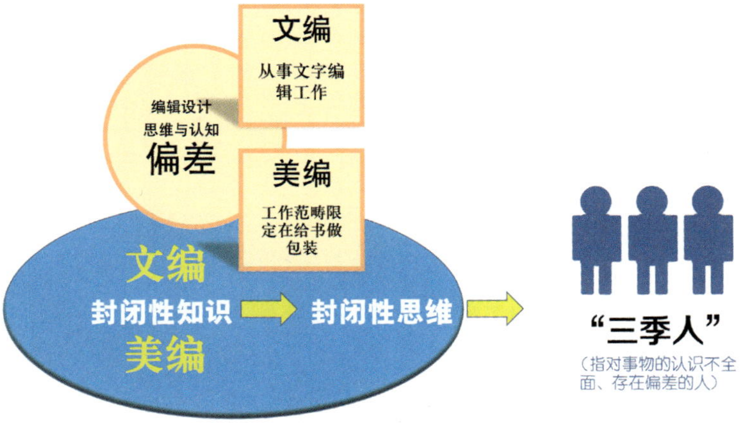


○ 文编、美编各自的封闭性知识导致封闭性思维

计工作。封闭性知识导致封闭性思维，封闭性思维导致认识偏差，使日常的编辑工作陷于文编与美编各行其是、相互推诿、远离市场和读者的境地，这样的工作状态已然不能满足新时代出版的要求。

## （一）对书籍装帧与书籍设计的认识

装帧指书画、书刊的装潢设计。“装帧”的“帧”是量词，“装帧”一词的本义是将纸张折叠成一帧，用线将多帧装订起来，附上书皮，贴上书签，并加上具有保护功能的装饰。人们受“装帧”概念制约，把设计的工作范畴限定在给书做包装，容易忽略对图书主题视觉传达和书籍整体架构的研究。

伴随着人类历史的发展，书籍装帧技术也在不断发展。人类自有文字开始，就不断使用不同的媒介进行记录，一开始是在石头、木头、骨器、陶器、青铜器等物体的表面铭刻，公元前 17 世纪至公元前 11 世纪的商代出现了我们熟悉的甲骨文和青铜器铭文，后来商周至秦汉时期有了简策。人们将竹木劈成狭长的细条，经过刮削处理后在上面写字，竹片称作“简”，木片称作“牍”，

○ 龙鳞装《红楼梦》

合称“简牍”。若干简编联起来就叫作“策”（亦写作“册”）。简策是已知的中国最早的正式图书形式。由于竹、木易得，用之书写记事比用甲骨、青铜、玉石等材料记事方便，且篇幅不受限制，编联成策后阅读和存放更是便利了许多，故简策这种装帧形式持续存在了很长时间，直至纸张发明并推广普及以后，大约在东晋时期才逐渐被纸所替代。随后出现卷轴装、经折装、蝴蝶装、包背装，至明清盛行的线装。这些随着时代变化而出现的书籍装帧形式，呈现出不同时代的书籍形态。

随着科技不断进步，社会不断发展，读者的阅读需求呈现多元化趋势，人们已经不仅仅满足于获取知识和信息的理性需求。新技术引发内容升级和传播方式拓展，改变了人类的阅读习惯，新时代读者获得个性化阅读体验的感性需求越发强烈。

有人说，人生观有两种。一种是“占有式”人生观，即执着于某种具体结果或目标。读书的目的就是获取知识、占有更多知识，这是理性方面的需求。

另一种是“存在式”人生观，持这种人生观的人不仅有明确的目标，同时更在意实现目标过程中的一切体验与感受。对于阅读这件事，最重要的不是内容本身，而是在阅读时或阅读后的感受、思考、灵感以及想要进行的各种创造，去体验、去感受、去积极地和世界互动，这是感性方面的需求。根据马斯洛需求层次理论，人在基本需要被满足后，便会追求更高层级的需要。从这个意义上说，赋予书籍多元的、具有复杂体验系统的形态能够满足读者更多的阅读要求。

20 世纪 80 年代末，业内人士在传统“装帧”概念的基础上，提出了“书籍设计”的概念。与书籍装帧不同，书籍设计是指从书籍文稿到成书出版的整个设计过程，不但包含书籍形式从平面化到立体化的过程，还包含艺术思维、构思创意和技术手法的系统设计。它包含三个层面——书籍装订或封面装帧、排版设计、编辑创意设计（信息传达的整体演化），是三位一体的整体设计概念。书籍装帧只是书籍设计整个程序中的一部分。

秉承书籍设计理念的设计师们经常提到“书筑”“书戏”的概念，他们将书籍当作建筑去架构，将自己当作导演去执导一本书的成型；提出在编辑设计中注入细节，强化五感，采用精致的印制工艺，做到物有所值而获取更多爱书人的青睐，并切合更多普通读者的趣味。他们认为书有五感：一本好书首先是视觉上好看，能让人从文字、图像、设计中领会图书的语境；其次能触发读者的味觉，让读者品味书中内涵；油墨、纸张是有气味的，随着翻书动作，这些特殊的气息能够刺激读者的嗅觉；听觉是读者内心聆听作者传递的声音；而翻书时，触觉能带动整体五感，因此触觉是五感中最重要的部分。这些设计师做书时，主张从一元思维（给书做“嫁妆”）向多元思维（基于读者体验的设计视角）转换，把做书从“打扮成一个漂亮的新娘”的单一体验系统的技术层面解决问题（书籍装帧），向包含信息秩序、审美、共情、传播媒介、阅读场景、五感、传播流程、创意、交互等复杂的体验系统的思维层面解决问题（书籍设计）转变，为的是增强读者的阅读体验和感受，使书籍成为读者“悦读”的对象，同时让爱书之人得到高级的艺术享受，满足“藏美”的需求。

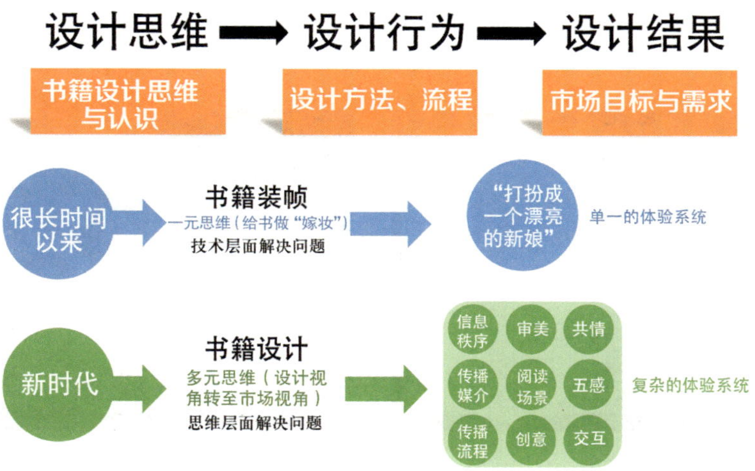


○ 书籍装帧与书籍设计思维

## （二）书籍设计要素

书籍是包含多种要素的整体。通过诸要素有机、富有层次和节奏的组织，书籍能够达到外表与内在、造型与意蕴的完美统一，这种表现力正是其极大触动读者每一根神经，带来阅读的获得感、成就感和幸福感的魅力和价值所在，包含了不限于书籍装帧意义上的各个维度的要素：

从物质的角度看，包含纸张、开本、装订形式、材料、工艺等；

从书册内容构成的角度看，包含封一、封二、封三、封四、腰封、勒口、环衬、书名页（扉页、内封）、前言（序、写在前面的话）、正文、插图、后记、版权页等；

从视觉呈现的角度看，包含文字、图像、色彩等；

从五感的角度看，包含视觉、触觉、嗅觉、味觉、听觉；

从与读者交互的角度看，包含创意、情感、思维、表达、探索等。

书籍设计的要素随着读者需求的变化而变化，书籍形态也随之不断演变，但无论书籍形态如何变化，做书的初心不变。

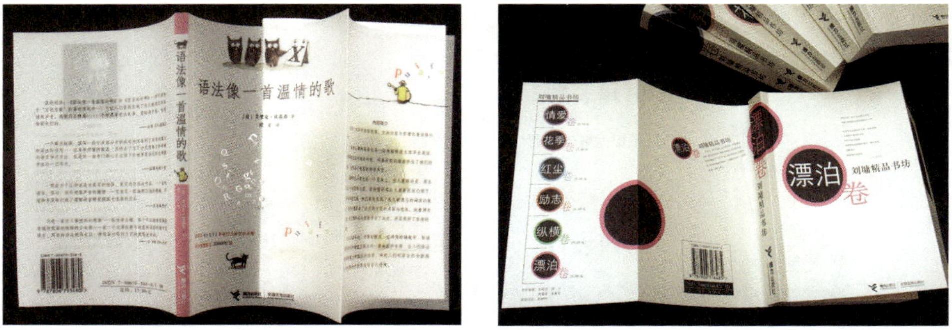


○ 运用诸多要素打造丰富的书籍形态

## （三）当代的书籍形态特征

书籍设计的原则，不仅强调内容与形式的统一，整体与局部的统筹，传统与现代的结合，以及抽象与具象的融合，还讲究艺术与技术的体现，更强调信息传达的准确性、便利性、艺术性，不仅要兼顾书籍的使用功能、商业功能，还要体现艺术审美功能，在书籍与读者之间搭建心灵相通、共情的桥梁。

近年来全国图书市场整体增速放缓，少儿图书的销量却一直保持较高增速，成为市场亮点。2016 年，少儿图书首次超越社科类图书，成为我国零售图书市场码洋比重最大的类别，这与其具备丰富多彩的、适合少儿阅读的多元图书形态有着密切关系。

2012年10月教育部发布的《3—6岁儿童学习与发展指南》（以下简称《指南》）从健康、语言、社会、科学、艺术等五个领域描述幼儿学习与发展，分别对3至4岁、4至5岁、5至6岁三个年龄段末期幼儿应该知道什么、能做什么、大致可以达到什么发展水平提出了合理期望。《指南》强调，儿童教育应注意以下几个方面：关注幼儿学习与发展的整体性，促进幼儿身心全面协调发展；尊重幼儿发展的个体差异；理解幼儿的学习方式和特点，珍视游戏和生活的独特价值，创设丰富的教育环境，最大限度地支持和满足幼儿通过直接感知、实际操作和亲身体验获取经验的需要；重视幼儿的学习品质，充分尊重和保护幼儿的好奇心和学习兴趣。随着人们对幼儿身心特点的了解不断加深，市场上出现了“翻翻书”“推拉滑板书”“游戏书”“转转书”“触摸书”“涂鸦书”“贴纸书”“玩具书”“有声书”等童书形态，童书出版也迎来了黄金发展期，以85后、90后为主体的新生代父母群体对于亲子阅读和育儿阅读的刚需为图书市场注入强劲力量，泛亲子类图书大受欢迎。这类图书最大的特点是，让孩子通过阅读，在获得感性经验的基础上提升各种能力。这些图书带来了许多新概念，戳中了家长的痛点，如习惯养成、数学思维、幼小衔接、情绪管理、编程教育等。这些概念通过书籍设计以各种各样的形态呈现出来。

比如，“小玻系列翻翻书”是接力出版社出版的图书，作者是英国的艾力克·希尔。该书英文原版是儿童互动翻翻书的开山之作，以简明亮丽的图画、可以动手翻掀的设计，供幼儿阅读、游戏，刺激幼儿感觉及运动机能。

尤斯伯恩作为英国专业的儿童图书出版商，自1973年成立至今，一直在为全年龄段儿童出版书籍，其中“尤斯伯恩看里面”系列也是儿童翻翻书，该系列销量超亿册，风靡全球几十个国家。

《米菲的滑板书：开还是关》通过精巧的装裱工艺，实现了同一页面上的两种画面变化，滑板一推一拉之间，有趣的画面交替出现，孩子们可以通过对比画面，了解日常生活中的种种事物和概念。

2015 年，广西美术出版社出版了《订单——方圆故事》一书，该书讲述了西安一家有着 33 年历史的私营美术书店的发展故事。设计者用感性和理性相结合的思维方法去构筑书籍形态，使读者在阅读过程中自然而然为之动心。该书荣获 2015 年“中国最美的书”奖项，并获 2016 年“世界最美的书”唯一金奖。这极大地激励了各出版社的编辑尤其是美术编辑，也引起了各界对书籍设计工作的重视。“中国最美的书”评委会给出这样的评语：“封面采用包装纸，书名仿照订单，选材和设计都很新颖。以出版社往来信件作为开头，每一页的签名都附上不同的肖像，趣味十足且富有个性。设计打破常规，在前言和目录之间插入图片，书口呈动画图像翻阅形态，激发读者去探寻和发现。”

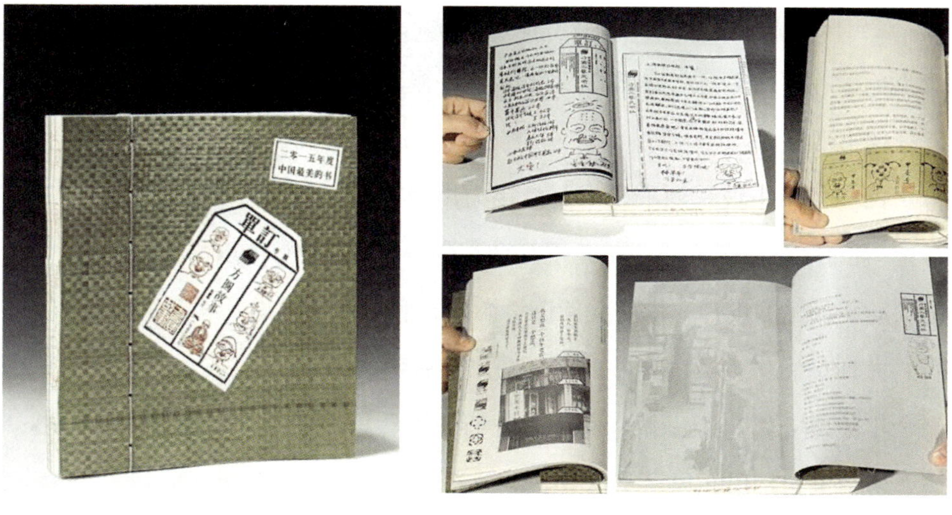


○《订单——方圆故事》

如今很多出版社出版的图书，都针对各自的出版领域和面向的读者群，采用独特的书籍设计风格，一本本充满人文关怀、有温度的图书极大地满足了读者日益增长的拓展和深化阅读体验的需求。

### （四）设计的本质

设计的本质就是信息传播。书籍是以传播文化为目的，用文字或其他信息符号记录于一定形式的材料之上的著作物，它是人类思想的产物，是一种特定的不断发展着的知识传播工具。所以，“信息是如何传播的”才是编辑思考的重点。与书籍装帧仅限于包装、装饰不同，书籍设计要求设计者准确领悟书籍内容后，以自身的素养给读者提供准确、生动、愉悦、便捷，甚至意外和惊喜的阅读体验，为书籍构筑感动读者的桥梁，促使读者发挥想象力，加深对内容的理解，体会、感受主题内容并与之共情，获得艺术的享受。文编和美编虽各有分工，但同样从事编辑工作，无论是文编还是美编，都应该对这一点有全新的认识。书籍装帧通常更多的是从美学范畴研究图书形态的功能性和艺术性，并被认为只限于美编的职责范围，但这往往忽略了书籍通过不同手段和编辑创意去传播信息的功能性。做书人应该不忘初心，厘清书籍装帧和书籍设计的区别，用书籍设计的理念制作图书。这样才能挖掘市场需求，戳中读者痛点，准确传达信息，引领和加深读者对书籍的艺术特质、传播功能以及书籍设计语言的认知，提升受众对书籍设计艺术的欣赏品位，使读者认识到书籍设计的价值；这样才能在设计中使形式和内容高度统一、文字与图像搭配和谐，提升图书的外在形态之美，激发读者的想象力，使读者获得个性化的阅读体验。

一本书如同一个世界，优秀的书籍设计能让人们爱上阅读，充分感受书中精彩，用心探索书中世界。

○ 目录和翻口的独特设计不但能提升图书的外在形态之美，而且能传播图书信息

## 二、建立新型文编、美编关系

对于出版人来说，做书就是做产品、做服务，如何从技能层面向思维层面提升，如何将设计理念由书籍装帧转化到书籍设计？当下出版社文编和美编的工作关系普遍处于撕裂状态，传统的工作机制使得双方优势受限。文编和美编只有建立新型的合作关系，共同以书籍设计理念为指导，转换固有做书观念，才能优化图书的传播效果，提升图书的影响力，才能给图书注入“灵魂”。

### （一）文编和美编和合共生，荣辱与共

“和合”语出《国语·郑语》。“和”表示不同事物、不同观点相互补充，“和”“合”互通，是“相异相补，相反相成，协调统一，和谐共进”的意思。文编和美编由于各自的知识结构不同，从事的具体工作不同，在出版工作中的职责分工不同，难以形成合力，二者沟通不畅甚至成为出版流程的瓶颈，这是普遍的现象。造成这一现状的主要原因是文编、美编均存在认识偏差，

没有厘清书籍装帧和书籍设计的区别，没有认识到作为出版人，双方都在为读者做精品图书和提供服务。我们应努力通过优秀的书籍设计引领读者，让知识和思想更容易被接受和传播。双方只有在这一点上达成高度一致，才能在出版工作中充分实现各自的价值。文编和美编可以统一书籍设计思维，以书籍设计思维模型的“做书地图”共同合作，就书籍设计方案达成一致。

### （二）守正创新，基于市场，基于读者

文编、美编应秉持共同的编辑和设计理念，敞开胸怀，面向读者，运用各种艺术要素和技术，激发创意，进行创新，使内容和形式深度融合。同时，在合作中应戒除浮躁心理，不仅需重策划，也需重案头，不仅要重技术，也要重基本功，秉持高度的使命感和良好的职业道德，发扬踏实、严谨、细致

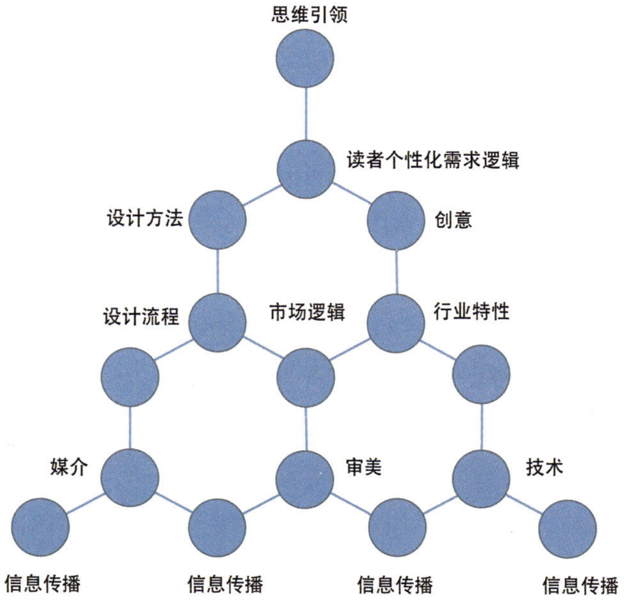


○ “做书地图”

的工作作风，忍受寂寞，锲而不舍，倾注心血，一心为读者出版“充实而有光辉”的精品图书，不能在“为了什么人”的问题上发生偏差。

### （三）文编和美编的边界重构，你中有我，我中有你，融合创新

文编和美编应破除藩篱，打破双方“盲维”，共同提高学养、涵养、修养，增加知识储备，提升思想境界、文化修养、艺术功底。双方在交流时，不应仅凭直觉做出反应，而是要多问为什么，多向对方学习，同时接受自身因认识偏差导致的不足，从编辑视角转向读者视角。

### （四）机构改革，制度创新，项目引领

当下不同出版社的机构设置不尽相同，有的出版社保留着美术编辑部，有的出版社则撤销了这个部门。撤销这个部门的原因，除了文编、美编交流不畅，在做书目标上难以达成一致，还和社外出现了许多设计工作室有关。自 2003 年起，由上海市新闻出版局主办的评选活动，每年均评选出全国各出版单位的优秀图书 20 本，授予年度“中国最美的书”（2018 年起改为“最美的书”）称号，并送往德国莱比锡参加“世界最美的书”评选活动。在评选

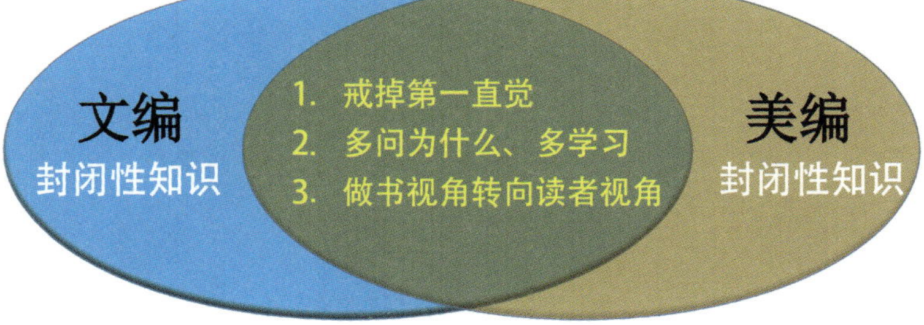


○ 破除藩篱

活动的激励和书籍设计理念的引领下，这些设计机构如雨后春笋般涌现，许多优秀的设计师加入了书籍设计的行列，提供了许多优秀的图书设计案例。但平面设计师并不等同于美编，虽然两者都肩负着创意设计与实现方案的重任，但美编还要对出版物形态进行把关，使之不但符合美学规律，而且符合国家相关的法律法规和行业准则，与文编共同为出版质量负责。我国的《图书质量保障体系》第十条对图书的整体设计有明确规定，强调了美编工作的严肃性及其重大的责任。因此，出版社在调整机构设置时，对于美编这个岗位，考虑的不应该是削减和弱化，而应该是倡导文编和美编在工作中发挥各自的优势，共同担当，精诚合作，为读者出版高质量的图书。

首先，两者应“合二为一”。所谓“合二为一”，并不是指文编、美编所在部门合并或者撤销美术编辑部，而是出版社通过机制创新，建立图书项目管理制度，促使文编和美编对图书的出版方案包括设计方案、执行方案、出版周期、出版质量、宣传推广方案、社会效益和经济效益负责。文编、美编虽然不在同一个部门，但同为项目负责人，责任、义务和权利是统一的；部门是分的，工作却是合的。文编和美编抛开以前内容与形式割裂开来的分工模式，发挥各自专业优势，通力合作，共同创新，更有利于读者获得全新的阅读体验，满足新时代读者对于提升和深化阅读体验的需求，更有助于让书籍设计成为新时代图书设计的趋势，成为当下各出版社的文编和美编共同追求的目标。

其次，在出版社实行项目的绩效考核制度。将文编、美编作为出版人的共同责任和绩效挂钩，更能促使两者心想到一处，人抱成一团，力往一处使。

最后，发挥重大图书项目的引领作用，促使文编、美编合力攻坚克难，为读者打造思想精深、艺术精湛、制作精良、“双效”俱佳的精品图书。

## 三、结语

在当下及可预见的未来，随着数字化进程加速，信息技术深度融入社会各个层面，新媒体技术不断涌现以及数字阅读浪潮到来，信息传播的渠道和手段不断拓展。从理性到感性，从书籍装帧到书籍设计，纸质图书可以“悦读”，可以“藏美”，也许这正是数字时代纸质图书的生存之道。每一位出版人都应解放思想，重新审视文编和美编在各自岗位中的职责，重新审视工作理念，重新定位两者之间的关系，加强团队意识、市场意识和服务意识。出版单位应适应新时代图书出版发展要求，通过机构改革和机制创新，充分激发文编、美编的主观能动性，促使文编、美编密切合作，共同为读者提供更高质量的图书，共同为出版事业贡献力量。

（本文作者系接力出版社副总编辑）

# 项目管理是编辑必备的职业技能

石立民

项目管理是编辑不得不学的职场生存技能。选择这样一个题目是基于两个方面的考虑：第一是我梳理了自己到出版社这20多年来的成长经历，发现我是随着自己参与或策划的项目一起成长的；第二是重点项目的出版对于出版社来说越来越重要，重点项目的管理成为编辑的一个重要技能。我想通过项目管理这个抓手，跟大家分享我从事出版工作的经历，希望对大家的编辑工作有所帮助。

## 一、编辑与项目一起成长

1987年，我大学毕业后，在广西社会科学院《学术论坛》编辑部工作了10年，负责历史方面稿件的组稿及编辑工作。1997年开始，我到广西教育出版社工作，历任文科编辑部编辑、教辅编辑部编辑、作文编辑室副主任、文科中心主任、项目组负责人、副总编辑、总编辑、社长兼总编辑。在此我选择自己从事图书出版工作20多年来，在各个成长阶段比较有代表性的项目与大家分享。

第一个项目是1998年出版的《中国沦陷区文学大系》。做这个项目的时候，我刚到出版社工作不久，在文科编辑室工作。这套书由北京大学中文系的钱理群老师任主编、封世辉老师任副主编，我参与了评论卷、通俗小说卷、新文艺小说卷共 3 卷图书的编辑工作。书的原稿采自沦陷区（抗日战争时期被日本侵略者占领的中国地区）的报刊书籍，为繁体字。我针对排版系统繁体转简体存在的一些问题及当时沦陷区与现在词语的不同用法等，写了一份编辑意见。这个项目的工作持续了一年多。通过参与这个项目，我初步认识了丛书、套书的出版流程，对丛书的编辑体例有所了解；同时，我写的那份编辑意见得到了时任广西教育出版社总编辑李人凡的认可。

第二个项目是 1999 年完成的“九五”国家重点图书出版规划项目《中国少数民族文化史图典》，这是新中国成立 50 周年的献礼图书。因为我的专业是历史，同时，我为《中国沦陷区文学大系》所写的编辑意见给社领导留下了良好的印象，1998 年下半年，社领导让我和另外两位同事一起负责这个项目的编辑出版工作。

我们在实施这个项目时，面临很大的压力。一是内容方面的压力。以往的历史著作大多是通史，专门史不多，文化史更是稀有，写一个区域的文化史，且要文图互见，是没有现成的图书可以借鉴的。作者数易其稿，依然达不到成书的要求。加之每本书有 500 多张展现少数民族历史文化的图片，内容选择和校核的压力很大。二是沟通方面的压力。项目参与人数众多，各卷作者语言风格不同，对书稿的理解也不同，主编沟通协调很累，我们跟主编沟通也很累。三是投资压力。在当时，投资几百万做一个大型项目，这对于出版社是一次重大的投资，社领导的压力大，也会传到我们责任编辑身上。四是进度压力。这套书是国庆献礼图书，必须在 1999 年 10 月前出版，但直至当年 4 月份书稿还没有全部定稿。五是印制压力。这套书在深圳的印刷厂印刷，采用了不少新工艺。当时印刷厂在赶工期，照排电脑不够用，我们的美术编辑经常要插队抢机子。六是我自己的家庭压力。当时我儿子上小学一年级，几个月不在孩子身边，我焦虑又无奈。

○《中国少数民族文化史图典》

1998年底，我接受这项任务后，考虑到这套书内容多、跨度大、参与编校的人员多、涉及的作者广，况且统稿、图文合成、后期制作主要在北京、深圳两地进行，所以我首先拟定了整套书的编辑体例，并对编校人员的分工提出了建议。1999年，我和两位同事（一位美术编辑、一位文字编辑）赴北京、深圳两地历时120天进行全书的统稿、图文合成和后期制作工作。我们以严谨求实的态度，用精品的标准来衡量书中的每一部分内容。从具体史实的查证到全书体例的统一，从图文关系的对照到各卷内容的前后呼应，都严格把关。不仅如此，我们对图片的正反、措辞的准确性、造字的写法、少数民族人名的译音、书中的地名，以及重大历史事件的评价都进行了反复推敲，多方求教，不放过任何一个疑问。这套书是第一部以大量珍贵文物图片诠释中国少数民族文化发展脉络的大型图典，共分8卷，共计123万字，收录了珍贵历史图片4000余幅，图史结合，以史领图，以图证史，有很高的学术价值和重大的社会意义。该书出版后，《人民日报》《新闻出版报》等20多家新闻媒体对此做了报道。中央电视台《新闻联播》节目对该书做了介绍。该书荣获第十二届中国图书奖及第十届桂版优秀图书奖特别奖。

这是我职业成长过程中非常重要的一个项目。在这套书的编辑、运作过程中，我得到了很好的锻炼，收获很大，个人的业务素质和工作能力、协调能力都有所提高：首次参与大型图文混排图书的编辑工作，积累了这类图书的编辑经验；为大型图文混排图书制订编辑体例，统一编辑规范，提升了自己的编辑能力；与文字作者、图片作者和图书主编沟通，既解决核心问题，也解决细节问题，提升了项目管理能力；在印刷厂待了几个月，了解了印刷工艺；对项目的宣传推广工作有所认识。

第三个项目是小学“语文新视窗”丛书。2000年，我社受到“减负”的影响，社领导计划出一套符合素质教育要求的教辅读物——“新视窗”丛书。我当时是教辅编辑部的编辑，参与了这套丛书的策划，并负责小学“语文新视窗”丛书的组稿工作。由于当时教育部门已严禁同步练习册类图书进入课堂，所以，如何给中小学生提供一套符合素质教育要求的教辅读物成为首要的问题。我认真学习了素质教育的相关文件，做了大量市场调查，多次与同事、作者交流，制订了丛书编写体例，编写了样稿，并负责丛书的统稿与协调工作。图书出版后，我主持了读者抽样调查，并根据反馈意见不断改进图书的体例、结构、内容，力求使图书更贴近读者需要。这套书（14本，后扩充为22本）出版后，实现了较好的社会效益和经济效益，单本印数每年平均在20万册以上，成为社里的支柱产品。这套书让我积累了组织大型教辅丛书编写的工作经验。

第四个项目是2001年出版的《〈公民道德建设实施纲要〉读本》。2001年，我社在编辑部门实行项目组负责制，我作为一个项目组负责人，不断进行市场调研，以市场为导向、以经济效益为核心来策划选题，积极参与图书的全程策划，实现由发稿、组稿编辑向策划、营销编辑的转变。2001年，中央颁发《公民道德建设实施纲要》，自治区党委宣传部、自治区文明办策划出版《公民道德建设实施纲要》辅导读本。在社领导的协调下，我社最后和自治区党委宣传部、自治区文明办达成了图书出版协议。除了精心加工书稿，保证图书质量，我还积极参与图书的营销工作。《公民道德建设实施纲要》颁布后，自治区文明办组织开展了一系列活动，推进广西公民道德建设。我把这作为推动图书发行工作的契机，积极协助文明办开展工作，并及时提供必要的支持。自治区文明办在《广西日报》刊登了广西公民道德建设知识竞赛试题，来自区内各行业的数十万群众参加了这一活动；组织了广西公民道德建设知识竞赛电视大赛，区内各地市分别组队参加，广西电视台做了现场直播。我组织专家协助组委会审查了竞赛的题目内容，推荐作者做电视大赛评委，《〈公民道德建设实施纲要〉读本》被指定为这两次活动的参考用书，区、市两级的新闻媒体对这一系列活动做了宣传报道，推动了图书的发行工作。图书发行数十万册、总码洋260多万元，取得了良好的社会效益和经济效益。这是我做的第一个主题出版项目，使我积累了主题出版项目的运作经验。

第五个项目是2004年出版的“新课程教例与教案研究丛书”。丛书一共12本，分语文和数学两个系列，总主编王荣生是大陆课程与教学论专业语文教育方向的第一位博士，分册作者全部为国内专家型中小学教师。我当时是副总编辑，作为项目负责人，要组织召开编写会、与主编沟通图书编写体例、组织完成编辑工作。王荣生老师有超强的项目策划和组织能力，工作效率非常高。通过这个项目，我从王荣生老师那里学到了很多，如要做好项目规划、找准创新点、设计好体例结构、把控好时间进度等。我了解了教师用书的设计和组织编写原则，加深了对语文教学的了解。图书出版后，受到社会广泛关注，《中国教育报·读书周刊》2005年6月9日刊发了《语文课，我们究竟应该教给学生什么？》的评论文章，评价丛书是“我国第一套从教学内容建设的角度来研究教案、教例的系列著作”。丛书部分入选2006年《全国教师教育优秀课程资源及推荐使用课程资源目录》，入选2009年《中国教育报》全国教师暑期阅读推荐书目。

第六个项目是2006年启动的《新语文读本》（第三版）修订。《新语文读本》是广西教育出版社的品牌读物，在此之前一直没有做过大规模的修订，读者很有意见。2005年，受时任社长蓝小星委托，我负责牵头组织图书修订工作。为跟主编钱理群、王尚文、方卫平等老师沟通商讨修订事宜，2006年2月至2007年2月，我们分别在上海、南宁、建德、金华等地召开了五次修订会。2007年4月至6月，《新语文读本》（修订版）各卷分别出版。在此期间，作为社里修订工作的负责人，我先后与作者通信上百封，其中重要邮件有51封，就图书选文、编排、删节、命名等提出许多有价值的意见并被主编采纳。《新语文读本》（修订版）推出后，我在多地组织开展了阅读推广活动，带动了图书的销售。我负责这个项目的收获是：更好地了解了《新语文读本》这套书的编写理念，提升了对学生阅读重要性的认识；积累了与高端作者打交道的经验；锻炼了组织大型阅读推广活动的能力；增强了应对复杂情况的处理能力；强化提升了组织协调能力。

第七个项目是《公众防灾避险应急手册》。这本书是在汶川地震后一个月内推出的。我当时是总编辑，是项目策划之一，也是项目主持人和图书第二执行副主编。从确定图书的体例框架、组织十几个部门撰写书稿、设计配图，到修改甚至重写书稿、定稿、出版，只用了不到一个月的时间，为图书被纳入政府采购项目奠定基础。本书由政府采购，2009年至2010年共印制1000万册，以家庭为单位，免费发放给全区群众阅读、学习。此项目是改革开放以来，广西单本单书号发行量最大的图书，为社里带来巨大的社会效益和经济效益。图书于2010年3月25日首发，我撰写了工作方案，并组织社内人员配合政府部门顺利举办了图书的首发式。我做这个项目的收获是：锻炼了快速反应能力，一个月内就组织完成了图书的编写、编校和出版工作；举办大规模图书首发式，见识并学习了政府部门的组织协调能力，提升了与政府部门沟通的能力；从项目策划到体例设定，从成本核算到装帧用纸，全程主导，强化了项目运营的能力。

○ 《公众防灾避险应急手册》首发仪式

第八个项目是“广西教育出版社教育资源 MPR 整合推广服务工程”。我任总编辑期间，为了给广西教育出版社的融合发展工作找到切入点，积极跟国家新闻出版广电总局数字出版司沟通，使广西教育出版社被列为国家新闻出版广电总局 ISLI/MPR 复合出版工程应用试点单位，策划了大型融合发展项目“广西教育出版社教育资源 MPR 整合推广服务工程”，确定项目申报框架，指导项目报告撰写，最终修改定稿。该项目获 2014 年中央文化产业发展专项资金 1000 万元，2015 年还入选国家新闻出版广电总局改革发展项目库。广西教育出版社依托该项目建设资源管理平台及产品运营服务平台，研发电子教材，开发了全国首套禁毒宣传教育电子教材、青少年新能源科普教育复合出版物、《青少年安全教育》系列数字读本、广西少数民族特色音乐数字复合教材等。项目完成后，顺利通过验收。2014 年，广西教育出版社因融合发展的成绩被广西新闻出版广电局评为广西第一批数字出版转型示范单位。广西少数民族特色音乐数字复合教材入选国家新闻出版署 2019 年度数字出版精品遴选推荐计划。这个项目对广西教育出版社的融合发展起到了重要的推动作用。通过融合项目的实施及对管理流程的再造与规范，广西教育出版社积累了一批产品，为后续项目的孵化奠定了基础；锻炼并培养了一支融合发展的队伍，提升了融合项目管理、实施能力和产品策划能力。

## 二、管理重点项目是编辑的一个重要技能

出版社转企改制之后，市场意识普遍提升，不少出版社引入管理学的经验，把图书作为项目来管理，提升了图书的质量，缩短了出版周期，获得了更好的经济效益。按照出版高质量发展的要求，行业主管部门出台了更多的政策，鼓励出版体现国家意志、传承优秀文化、推动繁荣发展、增强文化软实力的重点图书项目，入选各类国家级出版规划、重点工程、国家资助项目的情况成为对出版社社会效益考核的重要内容。重点项目的出版对于出版社越来越重要，重点项目的管理成为编辑的一个重要技能。前一部分，我结合自己的工作经历，跟大家分享了我是如何随着自己参与或策划的项目一起成长的；下面，我结合广西教育出版社的工作，从策划、实施、推广、维护四个方面，谈一下出版项目，特别是重点出版项目的管理工作。

### （一）项目策划

编辑的选题策划要根据出版社的资源、品牌、市场优势来考虑，要根据编辑个人的定位来确定。如何判断出版项目的价值？国家出版基金项目应该体现国家意志、原创成果、国家水平、创新设计、专业优势。2011 年至 2022 年，广西教育出版社有 18 个项目先后获得国家出版基金资助。

## 广西教育出版社获国家出版基金资助项目表

| 序号 | 项目名称 | 入选年份 |
|---|---|---|
| 1 | 新越汉词典 | 2011 |
| 2 | 中国地学史（古代卷） | 2014 |
| 3 | 中国化学教育研究丛书 | 2015 |
| 4 | 乡村教师口述史系列（第一辑） | 2016 |
| 5 | 中国物理教育研究丛书（第一辑） | 2016 |
| 6 | 仫佬族地区文书古籍影印校注（富媒体出版物） | 2016 |
| 7 | 中国语文教育研究丛书（第一辑） | 2017 |
| 8 | 中国生物学史（近现代卷） | 2017 |
| 9 | 现代泰汉词典 | 2018 |
| 10 | 顿造忙（创世经）影印译注 | 2019 |
| 11 | 随迁子女在流入地升学考试的政策与实践研究——基于10城市的调研 | 2019 |
| 12 | 当代中国语文教育家口述实录（第一辑） | 2020 |
| 13 | 世界能源史 | 2020 |
| 14 | 瑶族婚俗古歌都才都寅译注（富媒体出版物） | 2020 |
| 15 | 中国生物学教育研究丛书 | 2021 |
| 16 | “一带一路”沿线国家教育研究书系（第一辑） | 2021 |
| 17 | 中国共产党百年教育图史 | 2022 |
| 18 | “一带一路”倡议下扩大教育开放战略与机制研究 | 2022 |

广西教育出版社作为教育专业出版社，积累了丰富的教育类图书的优质

作者资源，围绕教师、教育理论策划选题是打造重点图书的首要方向。18个国家出版基金项目中，跟教育相关的项目有10个。“东南亚国家语言辞书系列”是广西教育出版社的特色产品，有2个项目入选了国家出版基金项目。“中国科学史系列”是广西教育出版社从“十五”时期就开始策划的产品，作者为中国科学院的专家学者。已经出版的4门学科史都入选了国家重点图书出版规划项目，其中《中国地学史（古代卷）》《中国生物学史（近现代卷）》入选国家出版基金项目，《世界能源史》是在这两个项目基础上延伸出来的项目。民族古籍是我社近年来新布局的产品线，有3个项目入选国家出版基金项目。

我把这18个项目大致分成六类，再结合我社其他精品项目，讲讲如何做选题策划。

其一，送上门来的选题——编辑掌握了一定的作者资源，并与作者建立了互信，作者主动提出的选题。我社出版的《随迁子女在流入地升学考试的政策与实践研究——基于10城市的调研》就属于送上门来的选题。主编是中国教育科学研究院教育政策研究中心主任吴霓老师，课题由国家级教育研究机构的学者撰写，可以认为体现了国家意志，代表了国家水平，体现了作者的专业优势。

其二，引导出来的选题——编辑与作者保持沟通，根据作者的研究来设计的选题。“乡村教师口述史系列”就是引导出来的选题。2014年，我了解到北京师范大学的郑新蓉老师准备出版一本中国和日本乡村教师的口述史。跟郑新蓉老师沟通后，我了解到郑新蓉、胡艳老师的团队已经积累了一定数量的乡村教师口述史的素材，非常有价值，就策划设计了这个选题。从书名中有“乡村教师”和“口述史”两个关键词，“乡村教师”切合政策关注的热点，“口述史”则是历史学、社会学研究的独到视角。丛书通过研究新中

○ “乡村教师口述史系列”丛书新书发布会现场

国成立至今五代乡村教师群体的口述历史，梳理乡村教师对中国教育的贡献，有助于进一步明确乡村教育在乡村治理和建设中的作用，有一定的社会学、人类学、教育学意义。

其三，观察发现的选题——通过了解国家社会科学基金、国家自然科学基金的立项课题，了解学科发展的动态而策划的选题。2017年底，我带队到广西社会科学院拜访，讲明我们的组稿方向后，广西社会科学院的领导推荐了龙裕伟研究员主持的2009年国家社会科学基金项目“世界能源史研究”。项目全面论述世界能源发展历史，明确能源历史、现实与未来三者之间的逻辑联系，不仅能使人们清晰地了解能源史的具体情况，而且能为各国各级政府管理决策提供可靠的依据，具有工具书的性质。项目具有重要的史料价值，符合体现国家意志、原创成果的要求，经修改后也可以达到国家水平。于是，我们策划出版了《世界能源史》这套书。

其四，主动策划的选题——根据国家意志、市场需求主动策划的选题。《仫佬族地区文书古籍影印校注》是我们了解到广西少数民族古籍规划办公室收集了一批仫佬族地区文书古籍后主动策划的选题，这一选题体现了传承民族文化的国家意志。仫佬族是广西的世居民族，这更突显了该项目的价值。我社2020年出版的主题出版图书《我在乌英苗寨这三年》也是主动策划的选题。脱贫攻坚是一项伟大的工程，作为国有文化企业，我们有责任、有义务记录这一壮举。如何做出有质量、有特色的反映脱贫攻坚题材的选题呢？2020年初，我在北京与新华社信息中心肖春飞副主任交流的过程中，得知了黄孝邦与乌英苗寨的故事。乌英苗寨位于广西融水苗族自治县和贵州从江县交界的大苗山深处。黄孝邦是新华社的摄影记者，在三年的蹲点式采访中，他深度融入乌英苗寨的生产生活和脱贫攻坚事业，用一个个细微的故事和鲜活的影像资料，记录了乌英苗寨这个少数民族山村三年的变与不变，投射出乡村振兴的时代影像。这些鲜活的记录，不仅是一个小小的乌英苗寨的脱贫史，更是苗族的脱贫史，也是中国脱贫攻坚伟大时代的“标本”记录。《我在乌英苗寨这三年》出版后，获得较大反响，输出了英语、阿拉伯语、土耳其语3个语种版本。《我在乌英苗寨这三年》（英语、阿拉伯语、土耳其语版）荣获第三届广西对外传播奖作品类一等奖，是唯一获得作品类一等奖的图书。

其五，延伸拓展的选题——拓展已出版并形成品牌的图书，形成选题。如：“中国科学史”系列从《中国化学史》《中国物理学史》，延伸到《中国地学史》《中国生物学史》；“学科教育研究丛书”从化学、数学、物理学科，延伸到语文、英语、生物学科。

其六，修订改版的选题——为原有的选题重新赋能，使之旧貌换新颜。《新语文读本》出版20多年来，广西教育出版社根据市场需求，组织了几次大规模的产品修订工作，为产品重新赋能，延长了产品的生命周期。

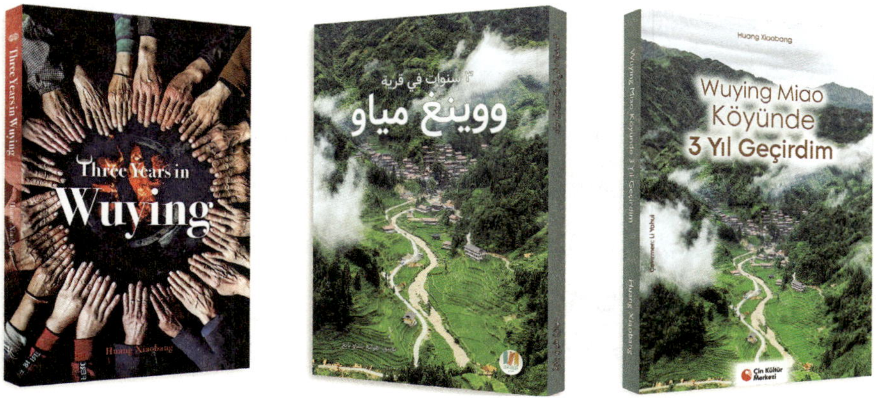


○ 《我在乌英苗寨这三年》英语版、阿拉伯语版、土耳其语版

在项目策划阶段要完成市场调研、可行性分析、选题策划书的撰写，要进一步明确产品的目标定位并对之做精准的描述，请作者或者由编辑撰写体例、样章；在产品的设计上，要体现人无我有、人有我优；项目一定要具有较强的可操作性，再宏大的设计，不能落地、不具备可操作性也是空的；还要考虑到出版社是否具备与项目相匹配的人力和其他资源。

### （二）项目实施

项目管理的三个重要因素是时间、进度和质量。在实施阶段，项目管理工作包括以下九个方面。

内容管理：图书的结构、体例、插图、封面、附件等。

组织管理：项目组的人员构成，包括编辑人员、校对人员、设计人员、印制人员、营销人员等，分工合作，职责明确。

流程管理：从编写到审校、版式设计、封面设计，再到用纸、排版、印制等生产全流程的管理。

进度管理：按照项目计划，做出任务书和时间表，并严格按时间表执行，定期组织召开会议，检查进度。

组织协调：协调作者、协调社内各部门、协调社会上的资源等。

质量管理：对书稿的内容质量、编校质量、设计质量和印装质量进行管理。

成本管理：作为项目负责人，一定要有成本意识，根据不同项目的情况，掌握项目的成本构成，做好成本预算并严格执行。

风险控制：包括图书内容的风险、作者延迟交稿的风险、作者发表不当言论的风险、市场变化导致内容不符合市场要求的风险等。

考核管理：要建立符合项目管理要求的组织运营机制，确定考核方式。

项目管理的难点之一是进度管理。项目负责人要学会制订任务书和时间表，学会向作者催稿，要能组织和调配项目的编辑力量，要分析书稿中可能影响项目进度的因素并做出应对的预案，要注意错峰进行编辑工作以避免社内编校任务“撞车”，要提前确定工艺和备纸，等等。

项目管理的难点之二是与作者沟通。如何结识作者？可以通过专程拜访、会议认识、第三方引荐、发邮件、公众号查找、微博留言等方式。拜访前要做好准备，了解作者的文章观点、生活经历、家庭故事、饮食禁忌、业余爱好、学术倾向，了解支持他观点的人、反对他观点的人；要做好知识储备，提高跟作者对话的能力。与作者交流时，要勇于提出自己的看法，不盲从；要能提出有助于提升书稿质量的建设性意见，从而获得作者的信任和尊重；要善于换位思考；要与作者长期保持联系，年节进行温馨问候。

项目管理的难点之三是质量把控。质量把控要加强过程管理，检查好目录和样章，避免作者写作过程中出现偏差；要严格遵守学术规范，多人合作的项目要注意语言风格保持一致。质量提升包括提升项目的学术水平、提升项目的影响力、提升增值服务的能力。比如，《仫佬族地区文书古籍影印校注》

一书增加了《区域历史与国家历史关系的深诠释》《罗城仫佬族自治县东门镇、龙岸镇、黄金镇调查》两部分内容，使读者了解文书产生、使用的社会历史文化背景；开发了配套数字产品（数字产品以光盘的形式附在书中），支持目录查询、关键词检索、查看文书高清原图等功能，满足读者便于携带、个性化阅读、快速检索等需求。

### （三）项目推广

图书是具有商品属性的精神产品，只有被更多的读者看到、了解、购买、阅读，才能产生更大的社会效益和经济效益。图书宣传推广的方式很多，有线上推广、线下推广，有媒体推广、活动推广、专业推广；图书宣传推广的形式，常见的有书评书摘、编辑荐书、书籍广告、新书预告、媒体专栏、专家推荐等；新媒体宣传推广的渠道，有豆瓣、知乎、百度、微博、微信公众号、电商平台，有抖音、快手、B 站（哔哩哔哩视频弹幕网站）、微信视频号；还有定制、众筹等新型营销方式。

我以《新语文读本》为例，谈一谈阅读推广活动的重要性。广西教育出版社的《新语文读本》自出版后，至今行销 20 多年，在读者中有很好的口碑。这套书之所以成功，除了作者团队强大、编写理念先进、图书质量上乘，还得益于我社组织专家、学者到各地教育部门开办有关语文阅读理念的讲座，以阅读推广活动促进图书销售。2001 年图书出版后，在南宁、广州、上海等地举办了多场阅读理念的宣讲活动。2006 年至 2011 年，我陪同钱理群、王尚文、方卫平、王栋生、商友敬、摩罗等到太原、临汾、晋中、福州、东莞、建德、兴化、温州、南京、郑州、新野等地开展阅读推广活动；开通个人新浪博客，撰写宣传文章，助推《新语文读本》销售。《新语文读本》（修订版）推出后，在 2007 年 5 月召开的浙江省新华书店名家好书推介会上，我做了《新语文读本》

○ 《新语文读本 · 小学卷》（第一版）

○ 《新语文读本 · 小学卷》（修订版）

○ 《新语文读本 · 初中卷》北海修订会编委与出版社编辑合影

（修订版）宣介专题发言。2011年是《新语文读本》出版十周年，为了让更多农村的孩子读到优秀读物，我会商主编钱理群先生，在河南新野举办了“在阅读中，我们共同成长——中小学阅读教学研讨会暨《新语文读本》出版十周年纪念”活动。河南省各地500余名语文老师参加了活动，《中国教育报》《中国青年报》《新京报》《教育时报》的记者也参加了活动。在活动中，图书主编钱理群、方卫平老师做了讲座，我做了《一段历史，一个故事》的发言，使用《新语文读本》达十年之久的江苏兴化的老师介绍了兴化开展阅读推广活动的经验。这些活动助推了图书的销售。《新语文读本·小学卷》（修订版）5～12共8册被中国书刊发行业协会评为“2012～2013年度全行业优秀畅销书”。2016年5月，《新语文读本·小学卷》（修订版）12册入选教育部“百种中小学教材延伸阅读书目”。

学术类图书的推广，可以召开新书发布会、学术研讨会，请专家撰写书评，宣传图书的价值、理念、影响力等。

## （四）项目维护

重点项目的出版，由于周期长，往往会耗费大量的人力、物力和财力。项目负责人要想办法延长产品的生命周期，这样才能实现效益最大化。

项目维护的措施包括修订、拓展、服务三种。

一是修订。图书出版后，要注意收集读者的意见和建议，定期根据读者意见进行修订，根据市场变化进行修订。《新语文读本》出版后，分别于2006年、2016年、2022年做了三次大规模修订，还根据市场反馈做过数次局部的修订。

二是拓展。市场表现好的图书，可以由单本书变成系列图书，由纯文字书变成图文书，由传统出版物变成复合出版物，由一个版本变成针对不同读者对象的多个版本。《新语文读本》出版后，根据市场的反馈，我社组织出版了广西版、山西版、四川版、陕西版、重庆版、江苏版等地方版本；按照山西省教育部门的要求，在《新语文读本》的基础上，为山西省组织编写了地方教材《文学赏析》，该书单本发行量最高达20多万册。

三是服务。要做好读者服务、做好作者服务。如制作助销产品：《新语文读本》出版后，我社先后制作了两个版本的彩色宣传小册子、数个版本的宣传用袋子以及笔记本，2007年还推出了新语文读本档案——《新语文读本：一段历史，一个故事》，记录图书编写历程，阐释图书编写理念，推动了图书销售。

最后概括一下自己的体会：

项目负责人首先是一名产品经理；

既然是项目管理，就要用品控的经验来做项目；

沟通是编辑的基本技能；

要尽量延长产品的生命周期；

做项目是一个展示自己的过程，个人能力和为人处事的方式，都会通过所做的项目展示出来；

出版项目试错的成本很高，所以出版社从来都不是论资排辈的，项目完成得越好，得到项目的机会就越多；

选题项目不仅要看起来很美，更要有良好的市场表现；

项目是打造出来的，策划案是高端精品，不代表成品也是；

编辑跟项目一起成长，一个项目的完成就是一次成长的进阶。

（本文作者系广西教育出版社社长）

# 培养新时代编辑的全媒体思维和能力

韦志江

## 一、全媒体的发展概况

“全媒体时代是个大趋势，媒体融合发展是篇大文章。”2020 年 9 月，中共中央办公厅、国务院办公厅印发了《关于加快推进媒体深度融合发展的意见》，从重要意义、目标任务、工作原则三个方面明确了媒体深度融合发展的总体要求。2020 年 10 月，党的十九届五中全会提出要“推进媒体深度融合，实施全媒体传播工程”，将媒体深度融合写入“十四五”规划建议。

全媒体时代是大趋势，那何为全媒体呢？关于全媒体的定义，从传播形态上来说，是在图文、动态画面、声音和视频等基础表现手段上融合纸质、电视、广播、网络等不同媒介，综合运用图文、视听观感来全方位、立体地展示满足受众细分需求的传播内容，使得受众在第一时间获取更多角度和细节、更多视听观感体验。更广义的全媒体是指“四全媒体”，即打破空间和时间限制的“全程媒体”、突破物理限制的“全息媒体”、人人皆主体的“全员媒体”、传播效果最大化的“全效媒体”，促成信息传播的场景化、数据化、智能化、社交化、移动化与平台化一体融合，形成广播、电视台、报刊、网站、移动应用等传播矩阵，而且技术、形态、业态随之蝶变，朝着高质量、结构合理、差异成长和协同高效方向发展。

全媒体具有鲜明的时代特征。李华君、涂文佳在《5G时代全媒体传播的价值嬗变、关系解构与路径探析》一文中认为，应“以技术平台作为基础，以交互系统连接节点，将市场化革新与社会化约束相结合，实现经济效益与社会效益的双赢，打造‘全程’赋能、‘全员’连接、‘全息’体验、‘全效’优化的全媒体传播格局”。

5G+8K带来的新发展机遇为主流媒体注入革新动能，推动主流媒体在以5G、AI为普及方向的智能技术发展背景中求变求新。我国引领型主流媒体在新时代全媒体融合进路上实现突破，以新闻类融合产品破发展难题，其经验值得借鉴。比较典型的新闻类融合产品包括：运用语音识别、语音合成等智能技术制作的教育类产品《课本里的新中国》；实现了H5形式与直播信号的满负荷全平台分流引流的IP流直播产品《央视新闻多角度全景看盛典》；将遥感卫星技术纳入内容创意资源范围，进行卫星影像数据分析编辑加工，结合航拍、实景拍摄等方式制作的系列航天科技类产品《60万米高空看中国》；等等。其他有重要突破的新闻类融合产品不胜枚举，充分显示全媒体时代融合产品的无限创意。

## 二、全媒体时代出版产业发展态势

近年来，出版业转型融合快速深化，创新能力破冰突进。网络文学获得广泛关注，良性全媒体出版生态环境逐步形成；在线教育出版爆发式发展，呈现垂直化、精品化、个性化趋势；知识付费经过近几年的发展，市场正在逐步筛选优化；短视频风起云涌，成为媒体布局重点；直播带货成为新的热点。出版业融合力度加强，出版单位持续在产品形态、服务模式、平台渠道、管理机制等方面加快创新，成效显著。融媒体图书、VR/AR图书等新产品形态，提升了优质内容的感染力；许多出版单位向动漫游戏、有声读物、文旅、音乐、影视等领域拓展，实现了内容价值、版权价值和品牌价值的提升。

### （一）出版业转型升级、融合发展成果显著

出版业融合发展领域的顶层设计不断精细化，《关于推进实施国家文化数字化战略的意见》推动各级出版单位在大数据应用、管理和治理方面取得较大突破，走上了高质量发展的高速路。以新技术应用为显著特征的出版业融合项目，培养骨干编辑且吸引了大批创新人才，将大数据、云技术、人工智能、区块链、元宇宙等技术与出版业内容深度结合，以教育出版、专业出版、大众出版领域为入口，打通知识服务、版权贸易、个性服务、IP 开发等新业态路径。各融合项目在实施过程中，不断攻克核心技术，在打造元素和标识、分类和标引等标准化建设中，形成了系统性的内容数字化加工规范。

### （二）出版业融合发展亟须解决的问题

融合出版快速发展的过程中，也存在一些值得重视的问题。首先，人才和制度的不匹配让融合发展得不到长期有效支撑，适应当前及未来融合发展的人才培养模式尚不明确，加之出版机构组织架构调整和管理周期较长，技术和资金投入较少，导致企业竞争力较弱；其次，融合发展的核心是版权，版权的开发和利用需要中心化管理贯穿出版全过程，目前看来，出版机构在选题策划之初取得的作品相关延伸权利较少；再次，在内容建设方面仍有较大提升空间，内容建设对内容的原创性、专业性和可读性等有较高要求，海量信息等待提炼和加工；最后，在渠道建设方面，应用平台问题突出，缺乏由出版机构主导且有较大影响力的平台，出版机构失去了控制力，相应地也失去了定价权，效益无法保障，这也导致融合发展的土壤供给不足。

### （三）广西出版传媒集团的探索实践

广西出版传媒集团（以下简称“集团”）一直朝着全媒体出版目标不断迈进，旗下各出版社陆续推出代表性项目和产品：广西人民出版社推出了“红色传奇”系列，其文创周边、荐书短视频等大获赞赏；漓江出版社的中国村落文化数字出版平台、“获诺贝尔文学奖作家丛书”听书系列产品在垂直领域产生了较大影响力；广西教育出版社的广西少数民族特色音乐数字复合教材、青少年新能源科普教育复合出版物得到权威教育机构的认可；广西科学技术出版社的中国－东盟版权贸易服务平台覆盖面和影响力越来越广；广西美术出版社的《妈勒纹样的诗》融合文创，《我们脱贫啦——第一书记镜头中的定坡村变迁》采用图书＋视频模式拓展新业态；由广西出版传媒集团规划指导、接力出版社作为牵头单位组织出版的“小天鹅少儿原创文学丛书”，接力出版社的《钟南山：生命的卫士》富媒体电子书等项目和产品实现了“双效”俱佳；广西音像教材出版社与广西金海湾电子音像出版社协力推动广西义务教育国家课程数字教材规模化应用。

按照全媒体促进一体融合的资源集约化方向，集团内部形成合力在全媒体出版的宣传服务、影视改编、项目合作、产品推广和数字平台五方面取得突破，能够充分运用内外双循环的资源优势，打开新的发展局面。

1. 宣传服务方面，“我们的广西”丛书攀出版高峰

集团为向改革开放40周年、广西壮族自治区成立60周年献礼，推出了“我们的广西”丛书，系统总结了广西壮族自治区成立以来取得的巨大成就及其基本经验，全面反映了党的民族区域自治制度在广西的成功实践。该丛书是大型复合出版工程“我们的广西”的重要成果，由集团旗下6家出版社通力合作完成。丛书集中展示了广西最具代表性和标志性的自然和人文遗产，也体现了广西文化人攀登广西地方题材出版高峰的雄心。

“我们的广西”是以内容建设为根本、以信息技术为支撑、以传统图书出版为基础而打造的形态多样的融媒体出版物。每个品种均包含纸质图书、电子图书、相关音视频资源及官方微信公众号，并且同步建设了官方网站，力求打造一系列内容独特、形态新颖的出版物和文化产品。“我们的广西”也是广西首套注册 ISLI 码的图书，通过 ISLI 码进行多媒体资源关联，建立了单本图书的知识服务系统，未来将从一套图书扩展成系列图书、从独立板块扩展为媒体融合产品线，将献礼书从一个短线产品变成一个长线板块。集团借助此丛书尝试建立以大项目带动的一体化地方出版平台，推动地方出版迈上新台阶，为广西出版产业的长远发展打下坚实的基础。

2. 影视改编方面，让故事声画入心

集团旗下广西人民出版社与广西金海湾电子音像出版社紧密合作，将广西网络文学大赛获奖作品制作成影视内容，为打造在地区乃至全国具有影响力的 IP 不断努力。2015 年 5 月 12 日，第一届广西网络文学大赛启动，至今已举办八届。广西网络文学大赛始终秉承“助力文艺精品，繁荣网络原创”的宗旨，以培养网络文学新人、传递网络正能量为目标，坚持把正确出版导向放在第一位，紧跟新时代网络文学创作的潮流，鼓励现实题材创作，不断发掘培育网络文学创作者，推出更多优质内容，提升人民群众的获得感、幸福感。2017 年，大赛荣获广西优秀数字出版项目；2019 年 5 月，大赛在中国数字出版创新论坛“出版融合创新·年度推优”中获得“融合发展创新应用”奖；2020 年 6 月，广西网络文学大赛的承办方之一麦林文学网，成功入选 2019 中国 IP 价值榜文学领域 IP 运营公司年度十佳榜单。这一系列奖项反映了社会各界对大赛的认可。另外，通过对获奖作品《江那边的父亲》《老厅堂》《时光杂货铺》《亲密陌生人》等进行影视、有声改编（其中《江那边的父亲》获社会主义核心价值观主题微电影 15 分钟类优秀作品三等奖），逐步提高了大赛持续开发优质原创内容的能力，也突显出内容可持续开发的价值。

3. 项目合作方面，百家争鸣、百花齐放

集团携旗下广西人民出版社、漓江出版社、广西教育出版社、广西科学技术出版社、广西美术出版社、接力出版社、广西金海湾电子音像出版社 7 家出版单位推出脱贫攻坚系列出版物“我们脱贫啦”，充分发挥专业资源优势，突出“扶志”与“扶智”特色，策划出版了黄文秀系列图书及《驻村画记》《巴某蝶变》《我在乌英苗寨这三年》《甘泉》《我的青春在乡村——第一书记扶贫纪实》《我们脱贫啦——第一书记镜头中的定坡村变迁》《足迹：孩子们眼中的文秀姐姐》《绣梦人》等一批反映脱贫攻坚主题的出版物。融合出版物展、图片展、影视展播等，以线上线下相结合的互动形式，发挥优秀出版物的文化和社会影响力，努力让更多读者了解脱贫攻坚成绩、经验和事迹。

4. 产品推广方面，提升品牌营销力

2020 年，广西新华书店集团推出根据国家防控儿童青少年近视相关政策和广西中小学生书写用品发展趋势而研发的自主品牌产品“广西中小学标准化护眼系列簿册”，它由中国教育装备行业协会、中国新华书店协会联合推荐，是中国教育装备行业协会团体标准产品、中国环境标志产品、卫生安全认证标志产品，是一款护眼、健康、环保、优质的学生作业书写用品。产品推广视频由广西金海湾电子音像出版社承制，并进行全媒体分发，配合线上线下销售，从产品质量、宣传效果和服务满意度上全程全维度整体推进，取得了良好效果。

5. 数字平台方面，构筑全媒体生态圈

曾获自治区文化产业发展专项资金扶持的“花山复合出版平台”项目，根据当前互联网及移动互联网的发展趋势及传播规律，以花山岩画为基础，结合相关文化资源，融合传统出版与新兴出版，通过图书、漫画、绘本、动画、

AR/VR 应用、游戏、微视频等符合现阶段审美趣味的数字形式，开发“花山”数字系列产品。平台包含图书出版、动漫与手机游戏、VR/AR 阅读、大型人文纪录片等五大部分，通过复合出版构筑“花山文化全媒体生态圈”。

## 三、培养全媒体出版思维及能力

培养全媒体出版思维是一项长期且无定式的关键性工作，对编辑的要求更为多元、专业。全媒体编辑要做到知、思、行全面结合，要将目标任务与自身优势结合，要有鲜明的时代性和行业特征，打造差异化的品牌形象，并具备高度的服务意识，紧跟时代步伐，广泛收集信息并聚焦关键信息，抓住读者（用户）兴趣点，垂直打造系列内容；要运用先进科技手段，调动主流媒体及自媒体，触发目标群体的“消费键”，并反馈读者（用户）体验，在

○ 本文作者在“社长总编辑谈做书”沙龙上分享做书经验

出版过程中形成全媒体出版闭环，促进出版事业高质量发展。

### （一）编辑需警惕两项隐患

一是思想钝化。编辑不应按部就班、坐等政策，不能再按原有的思维模式来做出版。编辑是一个实践性、行动性很强的岗位，通过个人努力能提高某一方面的技能和业务水平，做到业务知识和技能专精；但因职业的特性，编辑容易故步自封，无法在激烈的市场竞争中切实提高自身的综合竞争力，专精但不全面。按照思维定式来做出版，将很难满足全媒体出版时代的需要。

二是技能匮乏。全媒体出版时代，编辑不能只是稳坐编辑室，还需具备文案撰写、活动策划、信息更新、软件应用、推广营销、反馈意见等各类“生存技能”。新媒体时代，编辑人员要做到一专多能：除了根据提供的信息或资料独立完成日常工作，还要有较高的职业敏感性，做到“国事家事天下事事事关心”，能从时事热点中提炼出最具“双效”的选题；除了做好基础的文字工作，还要熟练运用各类社交平台与工具软件；有些编辑还要参与线下的推广营销活动，与读者零距离接触，面对面解决问题，做好市场反馈信息收集和相关活动报道的工作。在新的时代、新的传播方式下，编辑面临前所未有的淘汰危机，因此要朝着全能手的方向去转变。

### （二）编辑应具备三种全媒体出版思维

第一，全局思维。要有将出版项目放到全媒体视野中通盘考虑的全局意识、具有前瞻性地进行策划设计、推广运营，使内容得到多元呈现，并以多形式、通过多渠道传播给目标读者（用户）；在策划选题之初便要预测单品种、单IP以多种形态、多种传播方式在多个渠道、多个产业所能够产生的复合出版影响力；要以精品出版为目标，做到让政府认可、使读者（用户）满意、获同业好评。

第二，跨界思维。时代越发展，分工越精细，跨界合作就越重要。在市场化前提下，出版单位要鼓励编辑跨出版社、跨行业合作选题，拓展创新空间，放大项目总量，通过跨界创新找到自己的机会，逐渐形成“个体—单位—社会”三方受益的整体思路和运营模式。

第三，互联网思维。互联网搭建了众多虚拟场景，作者、读者、编辑、营销人员的身份边界在互联网的场景中变得模糊，这要求编辑培养互联网调研能力，并能通过调研典型案例把握本质，即具备“解剖麻雀”的能力；自媒体自带放大功能，会将内容质量的优劣展露无遗，因此编辑需要在保证信息即时性的同时谨防信息失真，以出版单位的长久公信力和专业性引导大众传播有价值的信息；要注重反馈信息的收集与筛选，为从选题到信息反馈的出版流程新闭环做好分类整理工作；要有目的地垂直挖掘内容，激发读者兴趣，增强读者消费动力，增强品牌黏性，提高产品在市场中的竞争力。

### （三）四个维度养成编辑的全媒体能力

第一个维度，守正创新，增强“四力”。2018 年 8 月，习近平总书记在全国宣传思想工作会议上发表重要讲话，指出宣传思想战线进入了守正创新的重要阶段。出版要承担起举旗帜、聚民心、育新人、兴文化、展形象的使命任务，这要求出版人坚持辩证看待“守正创新”：坚持守正才能有明确的立场和指向，勇于创新才能获得活力源泉和动力根基；编辑通过守正把握社会脉搏，通过创新弘扬时代精神。此外，编辑还要致力于提升“四力”。“四力”，即脚力、眼力、脑力、笔力，增强“四力”能有效解决长期以来编辑队伍的各种问题，包括“文字匠”多、思想者少，能力方面“单打一”多、复合型少，一般人才多、精英才俊少，搞纸面研究的多、坚持理论与实践结合的少，等等。

○ 本文作者（前排右二）参加“骨干编辑谈做书”沙龙活动

第二个维度，拓展杂家能力，做产品“领头雁”。首先，由于全媒体出版流程繁复、工作范围被现实和虚拟场景无限扩大，编辑除了要掌握全媒体策划、营销等基本业务知识，还要熟练运用微博、微信、抖音、微视、B 站、知乎等多种互联网平台。其次，仅仅运用传统的办公软件已不能够完成全媒体出版的前期策划工作，因此编辑需要不断学习并掌握数字化的信息收集、摄像、录音、传输、后期出版等新媒体技术。再次，编辑在将内容产品推向各平台时，还需要运用以上新兴信息技术和互联网平台进行整体统筹和规划，注意丰富知识储备，洞察线上社交群体的动态和消费点，观察和培养目标用户，以紧跟产业发展的脚步。最后，编辑要强化产品经理意识。为使精神产品附带鲜明的商业属性，让读者为感兴趣的、值得付费的内容买单，编辑要对从选题策划、内容生产、优化聚焦、市场检验、信息反馈到产业链延续等的整个出版环节进行全盘操控。作品质量、市场反应、社会反响都是检验编辑能力和水平的重要指标。

第三个维度，强化社交能力，提升读者黏性。过去一些编辑沉于案头不善当面交流，而如今编辑能够对着大小屏幕，用图文、表情等即时与人交流，更能发挥长处。目前，兴趣分众用户群体在其熟悉的网络平台聚集，形成了数量众多的流量池。全媒体时代的编辑应重视培养线上社交能力，尤其应提升在网络论坛和社会媒体中活动的能力，锁定产品的消费者，找到切口钻入流量池，释放内容磁力吸引目标受众。另外，编辑还应当在日常生活和工作中，注意培养自己的线下活动能力，注重提炼在各类主题交流过程中发现的潜在选题，为流量变现铺垫更广的人脉关系、建立更完善的信息库，提高产品的竞争力。

第四个维度，铭记把关责任，树立版权意识。编辑要本着高度的职业责任感，牢固树立"第一把关人"意识，在信息光速传播、内容高频产出的背景下，进行正确的思想引导并传播知识。编辑在履行职责时需平衡社会需要与看点、爆点形式，不能丢掉自己的站位和底线。编辑要坚守责任担当与人文情怀，将社会主流价值与个人价值紧密结合在一起。要以内容创新为本、形式创新为辅，不能被"流量思维"诱导，放弃以"质量思维"为主导，不能落入标题党、浮夸体、内卷文的陷阱。唯有坚守"出版工匠人"的初心、坚持彰显时代价值的实践、达到探讨和谐共生的高度，才能真正占据媒体融合发展的制高点。

## 四、结语

墨润声影，书香尤长。人才是全媒体出版产业发展的基石，全媒体出版要实现由高速度向高质量的转变，全媒体出版人才队伍建设是关键。出版企业只有推动出版深度融合发展，实现图文传播的场景化、数据化、智能化、社交化、移动化与平台化，才能在时代发展中站稳意识形态主阵地，构建全媒体传播矩阵，使宣传效果最大化、传播效果最优化。将守正创新、增强“四力”、广泛社交、尊重版权、争做“领头雁”的思想意识烙印在全媒体编辑脑海中，我们将能显著提高文化自信，有效构建全媒体出版业态。

（本文作者系广西金海湾电子音像出版社社长）

# 多媒体图书的 100 种可能
## ——移动互联网背景下图书产品的设计思维

梁 志

互联网思维是多媒体图书产品设计的核心思维。什么是互联网思维？互联网思维是一个多元概念。可以认为，互联网思维是指在（移动）互联网、大数据、云计算等技术不断发展的背景下，对市场、用户、产品、企业价值链乃至整个商业生态进行重新审视的思考方式，本质是发散的非线性思维，包括用户思维、简约思维、极致思维、迭代思维、流量思维、平台思维（开放、共享、共赢）、跨界思维等。下面谈谈漓江出版社在不同阶段设计生产多媒体图书的过程中，是如何理解和实践互联网思维的。

## 一、多媒体图书的初体验

20 世纪 90 年代，3.5 英寸软盘和光盘是学习生活的必需品。而现在，年轻人普遍使用网盘。当有作者建议为图书配备光盘出版时，我哑然失笑："哪里还能找到播放光盘的机器？"

2015 年，云服务器和网盘服务正兴起，我们策划的《"三月三"经典民歌选集》多媒体图书项目获得广西新闻出版广电局 2015 年"壮族三月三"专项资金扶持，项目旨在建设广西经典民歌资源库，并配套出版一本经典民歌多媒体图书。网盘服务行业门槛低，竞争激烈，常有关停倒闭现象。因此，资源库建在漓江出版社租用的阿里云服务器上。

技术公司开发了一个小程序链接并管理云服务器上的民歌资源库，使读者通过扫描纸书上的二维码就可以播放相应的音频和视频。这个小程序不仅可以为这本书提供内容链接和管理，还可以给社里其他有同样需求的图书提供内容链接和管理。就是这样一个简单的应用，实现了多媒体图书的基本功能。

○《"三月三"经典民歌选集》

结合音频、视频来阅读《"三月三"经典民歌选集》能够给用户最好的阅读体验，是对用户视听感官需求的满足，这体现了用户思维；在图书中合适的地方插入二维码，读者扫描二维码体验多媒体内容，抛弃使用光盘、U盘的复杂操作，这体现了简约思维。

在技术路线上，我们主要关注两个问题的解决方案：

1. 服务器如何选择

云服务器是一种便捷、高效、安全，可根据用户需求弹性拓展存储空间、带宽和处理能力的计算服务。云服务器的出现为中小企业的互联网平台建设降低了开发、运营、维护的难度和整体建设成本。

2. 二维码技术如何选用

一般用户不会特别关注二维码技术的变革，但出版社必须密切关注，因为二维码是要长久印在纸质图书上的，它是否稳定、是否美观，对图书出版有重要影响。二维码其实是将链接信息图形化，扫码即打开某个设定的链接。

有些技术公司为了帮助出版社和媒体解决二维码图案的美观问题，设计了一种软件，用它扫描纸上的图像或文字，就可以链接多媒体。其原理是事先建一个图片数据库，利用专有的软件扫描纸上的图片或文字后和数据库中的内容对比，重合度达标后即可链接上对应的网址。这个花哨的操作吸引了很多出版社、报社，然而它并不实用，不是每个读者都乐意为了看一本书或一篇文章而下载安装一个 APP。这是一种增加沟通成本的行为。

在图书和报纸上嵌入二维码并不会对版面美观产生多大影响，但是排版二维码的时候需要注意，考虑到印刷精度和老款手机摄像头清晰度不足等因素，二维码短边最好不小于 1 厘米。

## 二、RAYS 系统：多媒体图书平台化管理

多媒体图书从光盘存储变成云存储，还是传统的做书思维，没有真正体现移动互联网下的迭代思维、流量思维、平台思维。2017 年，我社与武汉理工数字传播工程有限公司合作，使用基于 RAYS 系统的“现代纸书”模式出版图书。

“现代纸书”模式通过让读者扫描传统纸质书刊上的二维码进入 RAYS 读者服务系统，扩展内容资源与服务，引导读者在阅读过程中通过付费享受增值服务。同时，RAYS 系统可以实现编辑、作者、读者的在线交互，能够抓取读者数据、分析读者喜好，帮助出版单位为读者持续提供知识服务，形成新的阅读服务市场。“现代纸书”体系包含了六大服务：RAYS 系统、创新运营团队、编辑创新培训、K12 在线教育、出版金融服务、出版融合发行。

在一段较长时间的培训之后，《天籁地声——广西情歌之旅》成为漓江出版社第一本使用 RAYS 系统的“现代纸书”。之后，有多本图书也使用了

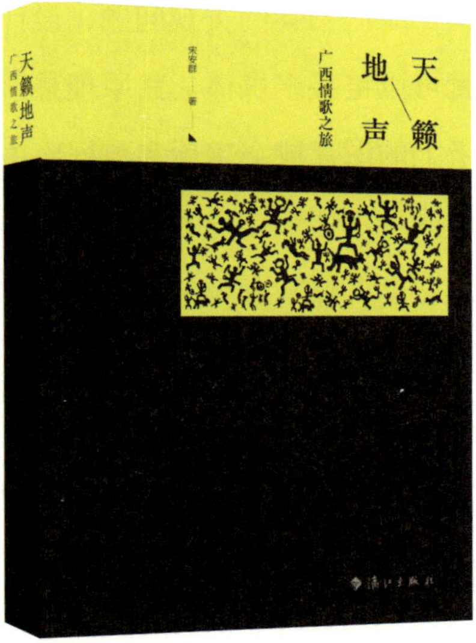


○《天籁地声——广西情歌之旅》

这个平台。下面我从四个方面谈谈使用心得：

1. 多媒体的增值服务

RAYS 系统能够很好地实现多媒体内容的存储和使用，但是大部分品类图书很难实现多媒体内容的销售。读者对其内容有刚性需求的图书更适合拓展增值服务，例如教辅图书的线上课程、专业技术教程的讲解视频等。《天籁地声——广西情歌之旅》是介绍广西民歌的普及读本，读者本来就不多，更少有人愿意再花钱在线听民歌。

2. 编辑、作者、读者在线交流

文学、艺术类图书的读者在这个平台上并不活跃，编辑、作者也没有太多时间在线和读者交流。并且，这类图书都已经写出来、印出来了，编辑即使收到读者意见也没有办法及时修改。在销量不大的情况下，修订再版也遥遥无期。这和教辅产品完全不一样。

3. RAYS 系统不能给产品带来更多流量

出版社个体在 RAYS 系统平台上是一个流量孤岛，只能使用图书自身给平台带来的读者流量，平台本身并不能给出版社带来其他流量。各家出版社都成了平台的流量吸管，出版社暂时还不能共享平台的流量资源。虽然这可能是流量资源共享机制问题，也可能是阶段性的问题，但平台无法提供流量，它对出版社的吸引力就很弱了。

4. 成本问题

平台的使用费是一年 15 万，编辑运营、维护后台资源的时间成本极高，想要通过持续开发和销售线上产品实现盈利，这不是一般图书能够做到的。

和漓江出版社合作的还有其他平台，甚至有免费试用的平台，例如书链、AR 数智平台等，此处不一一介绍。通过平台可以进行多媒体存储，还可以实现编辑、作者与读者交流的即时性、常态化。编辑以前是通过信件、电子邮件、QQ、微信、微博等与作者、读者交流的，使用平台则意味着交流方式变集中了。然而，目前看来这是一个封闭的模式，它或许对编辑管理产品内容有一定帮助，但是对产品的宣传、营销没有太大帮助。这类平台或许只适用于有现成、固定的读者群体的教辅和专业技能类等图书，对于以文学艺术、人文社科图书为主要产品的漓江出版社是不适用的。

## 三、与流量平台合作的探索

近几年，数字阅读平台逐渐成为我国数字出版发展的主流，市场竞争激烈。漓江出版社在 2017 年成立数字出版部运营我社的图书内容资源，开始和喜马拉雅、懒人听书、掌阅、知网、当当、凯叔讲故事、十点读书等数字阅读平台和自媒体共同开发电子书、有声书、知识服务课程。漓江出版社授权第三方平台运营的电子书有 2500 多种，有声书约 120 种，自主开发知识课程 3 种，平均每年收入 20 余万元。

1. 有声书的两大类型

有声书的内容来源有图书，也有网络文学作品，生产者以各大平台的主播团队为主。早期网络听书音频的内容主要来自网络文学作品，例如荔枝、喜马拉雅上的网络文学听书音频。到了 2018 年，各种线上平台的图书音频和网络文学音频的比重已经基本持平。

2. 纸质书、电子书、有声书同步生产成为趋势

很多出版社的图书项目已经实现了纸质书、电子书、有声书同步开发。好的声音产品一般不是直接诵读书稿原文，而是由主播团队结合产品内容的特性，进行深度改编之后再用声音演绎。因此，声音产品完全可以从拿到书稿之后就开始制作，与纸质书的编辑、校对、印刷工作同步。有些产品还会逆向开拓图书出版市场，先做电子书和有声书，市场反应不错再出版纸质书。

3. 有声书开发的关键是选对主播团队

有声书的录音有智能语音，也有人工录音。科大讯飞、掌阅都开发了智能语音软件，能直接把文字转成声音。但是，从目前的录音效果来看，智能语音还是无法替代人工录音。各种平台有声书的头部产品都是人工录音，并且大部分都会先做改编，卖点除了原创 IP 影响力之外，就是主播的魅力、主播带有情感的声音。

4. 有声书的三大平台分析

漓江出版社签约的有声书平台很多，但效果较好的是以下三大平台。

第一个是喜马拉雅，它是目前国内领先的音频内容服务平台，特点是内容生态的分布非常均衡，基本覆盖了所有的内容类型，包括网络文学音频、图书音频、精品课程等。喜马拉雅的主播团队很强大，有不少人气明星加盟，他们往往自带流量。漓江出版社的图书《阿加莎的毒药》就是依靠他们强大的主播团队进行改编、录音，制作成音频节目，半年之内点击量冲上了 100 万，每个月都带来约 4000 元的收益。

第二个是懒人听书，也覆盖了几乎全部的内容类型，主打有声书产品。喜马拉雅的精品课是一个很大的板块，以致大家有时会忽略它的有声书业务。而懒人听书的有声书影响力大于它的精品课程板块，内容资源丰富，听书场

景覆盖了很多智能终端，如小度音箱等。

第三个是最近很火爆的蜻蜓 FM，走势很强，但漓江出版社和蜻蜓 FM 合作不算特别多。蜻蜓 FM 策划了一些免费的网络节目，请了一批名人，给平台带来大量流量。蜻蜓 FM 的一个优势是线上线下融合得很好，在上海开发了不少地方文化文创产品，做得很好。蜻蜓 FM 在细分领域做得很精。

5. 电子书的三大平台分析

第一是阅文集团，阅文集团旗下有起点中文网，拥有庞大的作者团队提供内容支撑。第二是掌阅，目前漓江出版社的电子书零售收入大多来自掌阅，掌阅开发了自己的阅读器。第三是咪咕，咪咕是中国移动旗下的品牌，咪咕阅读是国内较大的手机小说平台，咪咕和 Kindle 合作推出了咪咕版 Kindle 阅读器。

## 四、通过产品设计打通流量平台

设计多媒体图书，既要符合纸质图书发行渠道的要求，又要符合数字阅读平台的需求，最好能够将两个发行平台打通，实现双向引流。喜马拉雅、掌阅等拥有大流量的数字出版物发行平台是能够帮助我们很好地实现双向引流的平台。漓江出版社南宁出版中心的编辑部和数字出版部协作，把《大地之居》《医路长行》《巴某蝶变》做成多媒体图书，并且和拥有大流量的平台链接，实现了图书和平台之间的双向引流。2020 年，漓江出版社和掌阅科技合作策划多媒体图书《重生——湘江战役失散红军记忆》，纸质书和有声书同期发布，互相引流，该书入选了 2021 年度“中国好书”。

1. 将数字阅读平台作为宣传平台

《大地之居》同时使用了两个平台：一是原有的 RAYS 平台，作为存

○《巴某蝶变》

○《重生——湘江战役失散红军记忆》

储资源和交流的平台；二是喜马拉雅平台，将线上流量平台作为宣传阵地。2020年出版的《医路长行》在广西广播电视台《遇见好书》栏目、FM104旅游广播等各种媒体上宣传，积累了大量多媒体宣传资源。在修订该书时，我们在喜马拉雅、抖音等平台附上纸书购买二维码，最大限度利用现成的多媒体资源进行全网宣传，把线上读者流量引到纸书上。

2. 值得自己建平台吗？

早年探索数字出版的时候，很多出版社投入大额资金建设数字出版平台。建成平台很容易，但要让平台产生流量很难。大多数出版社的数字出版平台没有什么流量，后面就荒废了。以一般市场图书出版为主的出版社应该借用成熟的流量平台为自己服务，而不要轻易地去建平台。从事专业领域的阅读服务和知识服务（如开发教育产品、提供行业技术知识服务等）的出版社可以考虑建平台，因为这些专业出版社有天然优势：一是服务特定群体，自带流量；二是用户需求聚焦，产品迭代更新快。

## 五、多媒体应成为出版物生产的常用形态

从文化传播生态圈的演变历程，我们能看到传统出版的空间在被不断压缩。20 世纪，不同形态的资讯、知识和文化传播主要由以下四类媒介完成：电台、电视台、电影院，报纸、杂志（资讯），图书、期刊（文化、学术），学校、课堂（教材、教辅）。到了 21 世纪初，线上视频、网络节目、直播等逐渐抢占了电台、电影院、电视台的市场空间；各类资讯平台和 APP 逐渐挤占了报纸、资讯杂志的市场空间；知识服务课程、学术资源包服务在知识传播市场不断挤压图书、学术期刊的生存空间；而文化教育领域也面临变革，在线教育在 K12 以及其他教学领域的占比越来越重，纸质教材教辅面临重大变革。这一切变化的推手是移动互联网技术。从 2000 年 12 月中国移动正式推出移动互联网业务品牌“移动梦网”开始，短短 20 多年时间，移动互联网技术就改变了整个文化传播生态圈。

再过 5 至 10 年，文化传播生态圈还会随着 5G 技术、物联网技术、人机交互技术、生物芯片技术的发展而不断变化，多媒体图书的形态会越来越丰富，肯定不止 100 种。一些传统的媒体形态注定要消亡。想象某一天，图书产品的按需印刷普及，甚至进入学校、家庭，出版产业还会发生翻天覆地的变化。青年编辑需要时刻关注行业的变化：一是在内容生产上不仅要坚守底线，还要创新发展，要在内容生产上占据领先地位；二是在媒介形态、传播方式、运营思维等方面要加快融合发展步伐，要抢占阵地；三是在发展战略的顶层

设计上要占据主动位置，力求领先。

当多媒体出版成为出版业的常态时，出版社的管理层更要意识到，我们的竞争对手已经不仅仅是其他出版社，而是所有媒介形态的生产者。所谓全面竞争，在内容生产方面是文化创意能力、内容制作能力的大比拼；在经营管理方面，是现代企业生产效率的竞赛，是渠道精细管理服务的竞赛，是读者服务水平的竞赛；在资本与文化资源方面，是资本市场操盘能力的较量，是优质文化资源的争夺较量。

（本文作者时任漓江出版社副总编辑，现任广西科学技术出版社总编辑）

# 做一本好书，从打动作者开始

黄敏娴

20多年的出版职业生涯中，我在教材教辅、一般图书、学术著作、复合出版物等出版领域摸爬滚打，一直在路上。

下面我想讲述三种图书从策划到出版的故事，也是我与作者从陌生到结识、交往、相知的难忘经历。

第一，真诚，共情，坚持出版的立场和对内容的专业判断，尘封10年的《中国地学史》（“十二五”国家重点图书出版规划项目，获第六届中华优秀出版物奖图书奖）最终顺利出版。

2011年，按分管领导黄力平副总编的部署，我负责《中国地学史（古

获奖证书

广西教育出版社：

你单位出版的《中国地学史（2卷）》荣获第六届中华优秀出版物奖图书奖。

特颁此证书。

中国出版协会

二〇一六年十二月

○《中国地学史（2卷）》荣获第六届中华优秀出版物奖图书奖

○ 编辑团队讨论书稿

代卷）》《中国地学史（近现代卷）》的全面修订出版工作。书稿尘封 10 年后重启，需组织作者全面修订，编辑出版。

审阅稿件时，我发现“近现代卷”书稿只有地理学内容，缺了地质学内容，无法构成一部完整的近现代中国地学史。于是，需要解决的问题变成了两个：一是两卷书稿需全面修订；二是“近现代卷”需补写地质学内容。

我与中国科学院自然科学史研究所研究员杨文衡先生、地理科学与资源研究所研究员杨勤业先生两位主编联系后，发现面临两大困难：一是已历时 10 多年，当年未完成相关内容写作的学者已不愿意再执笔，又一时难以找到合适的新作者；二是 2001 年杨勤业先生已交稿，但由于出版社的原因未能出版，也未对作者和稿件做好交代和善后，杨先生提出应先赔偿后修订。

我诚恳道歉，耐心倾听，让作者把怨气都发泄出来，同时从文化追求、出版理念、担当传承等角度耐心解释为什么稿件尘封 10 年，为什么 10 年后我们还要坚持出版。我不厌其烦、耐心细致，用了水磨工夫，最终打动了两位主编，他们放弃了赔偿要求，重新签订出版合同，按出版社要求组织作者对书稿进行全面修订和补写。由于需补写的“近现代卷”地质学内容难度较大，需投入大量精力和时间，杨文衡先生几易作者，最终答应撰写该部分的作者却一再拖稿，一拖就是两年半。杨文衡先生几经催促，已经绝望，于 2013 年 5 月发来邮件，表示想要舍弃地质学内容，将书名改为《中国地理学史（近现代卷）》。有任何困难都要解决，编辑有时不得不干各种得罪人的活。于是我又跟这位作者耗上了，软硬兼施，用了各种招，各种磨，最终督促该作者于 2014 年 1 月交稿，保证了《中国地学史（近现代卷）》的完整性。

我历时 5 年与作者保持密切联系，发了无数的邮件，最终《中国地学史（古代卷）》《中国地学史（近现代卷）》分别于 2014 年和 2015 年出版。

此后，和两位杨先生虽然没有再合作其他选题，但我每次去北京，一定会去看望他们。编辑与作者之间的情感很难用言语表达，对我来说，这与功利无关，是一种牵挂、惦念。

黄敏娴先生：

谢谢你邮寄沙田柚，衷心致谢！祝你羊年吉祥，万事如意！
拜托你地学史下卷请寄 11 本，以便赠送亲友。
你为此书做了很大贡献，是功臣，使十年的稿件有了成果，我很感激。
再次祝你三阳开泰，大吉大利！

杨文衡上
2015 年 2 月 19 日

○《中国地学史》主编发来的邮件

第二，执着，坚持，快速判断和决断，成功组稿《中国生物学史》（“十三五”国家重点图书出版规划项目，《中国生物学史（近现代卷）》列入国家出版基金项目）。

2014 年，黄力平副总编交给我策划、组稿《中国生物学史（古代卷）》《中国生物学史（近现代卷）》的任务。我为争取我国生物学史研究领域的顶尖专家，时任中国科学院自然科学史研究所研究员、学术委员会主任罗桂环担任主编，也是费尽心思。首先通过打电话向罗老师表达了请他组织撰写两卷《中国生物学史》的意愿，不出所料，被拒绝了。我反复打电话磨了几次，他答应可到办公室见面。我在办公室与罗老师进行了真诚、执着的沟通，介绍出版社的选题构想和积累，交流学术发展情况、出版理念和文化担当。与罗老师产生共鸣后，我提出先承担他老师的一本书稿的出版任务。在编辑出版这本书稿的过程中，我作为编辑的态度、专业水准得到了这位老先生的高度赞扬，我从而和罗老师加强了联系，让他了解了我们的编辑素质、水平及做人做事的态度，继而他认可了出版社，最终愉快答应担任两卷《中国生物学史》主编。

自此，我与罗老师建立了长期良好的关系，并进一步开拓、储备了科技史、科学文化、科技典籍等研究领域的高端作者资源，为后续策划实施一系列国家一流水平的科学人文、学术文化等选题提供了作者保障和学术支撑。

第三，理念一致，心灵相通，以出版人的底气和自信组织出版“我们的广西”丛书之《白头叶猴》《中华白海豚》。

广西出版传媒集团2018年献礼广西壮族自治区成立60周年重点图书项目“我们的广西”丛书中，广西科学技术出版社承担15本书的出版任务，其中《白头叶猴》《中华白海豚》拟邀请北京大学教授潘文石担纲。潘文石教授被誉为我国生物学界的泰斗，自20世纪90年代起，就扎根广西崇左从事研究和保护白头叶猴的工作，女儿、女婿也随之带领团队在钦州研究中华白海豚。

与潘教授取得联系后，从2017年开始，我便与卢培钊社长和其他社领导、编辑团队一起，每年多次到北京大学崇左生物多样性研究基地拜访潘教授。从开始的陌生到彼此思想、出版理念的相通；从不熟悉到得到潘教授团队的一致认可；从决定出版《白头叶猴》《中华白海豚》，到潘教授认定今后广

○ 2017 年 6 月，编辑团队到崇左拜访潘文石教授

○ 2018 年 3 月，编辑团队到钦州与《中华白海豚》作者团队见面

西科学技术出版社是他们团队未来出版一系列研究成果的重要合作伙伴，共同的理念、付出的时间、浓厚的情感构建了彼此心灵相通的桥梁。

在《白头叶猴》《中华白海豚》组稿的过程中，由于编辑的一些失误，潘教授对我们产生了误解，一度对与我们合作有些动摇。我手写了一封信给潘教授，真诚表达了对潘教授的敬意和我们的坚持，感动了潘教授，消除了他的疑虑，双方得以继续愉快合作。

敬爱的潘爷爷，您好。

自从3月27日到基地拜见您，已过去一星期了，一直惦记着您。

那天中午吃完饭后，潘岳老师带我们到了您刚到基地时住的房子，房子已经破败不堪了，但墙上学生们画的画、房间里的地铺，您手绘的图、手写的日记，院子里的那些树那些花那些小鸟们，好像仍在诉说着多年前那个从北京来的“怪人”教授穿得破破烂烂，白天在山里转悠看猴子，夜里在烛光下写日记，睡在蛇也会藏在里头的草铺，自己过着没水没电最苦的日子，却为山民们奔走着张罗喝上水、接上电、修路、建沼气池，帮助他们解决基本生活需求，提高生活水平，从而引导他们保护大自然、保护猴子，最终保护自己的故事。天下起了雨，我们站在屋檐下，听着小潘老师诉说您为这里的人们、为山里这群可爱的猴子所做的点点滴滴，那一瞬间有种穿越时光隧道的感觉，您在这个房子里，在这个院子里的身影似乎仍在穿梭。是的，这一切已经远去，但又似乎还在昨天。直到那一刻，在这早春淅淅沥沥的雨里，在这个虽破败但仍孕育着盎然生机的院子里，我才真正了解了您。

真的没有想到，您与海豚、与猴子的缘分，与广西的缘分，延伸到了我们广西科学技术出版社，更没有想到，我居然能与传说中的潘爷爷面对面！每次听您谈论您的传奇、您的理念、您的思想、您的梦想，其实我学到的不仅仅是关于猴子、关于海豚的知识，更多的是如何做人、如何做事。对我个人来说，与您合作出版图书，不仅仅是在这个工作岗位上能有幸去向大众讲述潘爷爷的故事、传播潘爷爷的精神，更是我人生的收获和财富。

您对您的作品所赋予的心血、感情、期待与执着，与我们的出版理念是完全一致的。对我们来说，最开始是借自治区成立60周年这个契机，借“我们的广西”丛书这个平台，得以有机会与潘爷爷合作，但我们的初衷，并不仅仅是去完成任务，去出版两本书，而是要把潘爷爷的科学精神、对科学研究的执着和追求、关爱动物从而关爱人类的大爱传播给大众。正是有着像潘爷爷这样的大科学家日复一日、年复一年安于寂寞的奉献，才有了我们中华民族精神的生生不息。去记录、去传播这些科学精神、文化血脉，使它们一代一代传承延续下去，正是我们出版人的责任与担当。有幸，我们能与潘爷爷相遇相知！

这几次在您病后见到您，感觉只有心疼，特别是这次见到您，感觉您更是疲惫。常常想是不是我们的书稿任务把您给累着的，又不敢说，不敢更多打扰。也许正是因为这种种情况，编辑与您关于书稿的沟通不够，造成了您的一些误解，真的还请潘爷爷原谅。您的胸襟和气魄更令我们感动，真的非常非常感谢潘爷爷的理解和包容。请您放心，《崇左的白头叶猴》《北部湾的白海豚》（编者注：出版时更名为《白头叶猴》《中华白海豚》）这两本学术书是“我们的广西”丛书中的重点，更是我们今年出版工作的重中之重，我们要以国家级精品的要求来打造。这并不是因为我们集团董事长亲自点名，更多的是缘于我们对出版事业的执着，对文化的理解，对潘爷爷代表的大科学家们无私奉献精神的敬仰与崇拜。

您的身体现在需要的是休息和康复，而不是工作和劳累。我们先配合好您，把这两本书先做好。从出版的角度，后续我们更期待的是我们一直在谈的两本摄影集。如果您允许的话，其实我们还想谋划您的个人作品系列，不仅是猴子和海豚，还可以把熊猫纳进来，把您这一生对自然、对动物、对人类的付出与深沉的爱做个全面的总结。

潘爷爷，您之前已出版的作品，《崇左的白头叶猴》《北部湾的白海豚》，摄影集，个人作品系列，等等，在我看来，让读者们看到的，不仅仅是书中

○ 2019 年 1 月，编辑团队到崇左看望潘文石教授

○ 2019 年 12 月，潘文石教授团队到广西科学技术出版社讨论新书内容

○ 2020 年 9 月，编辑团队到崇左与潘文石教授团队讨论新书设计

的文字与感动，更是每本书背后站着的那个人——潘文石！

潘爷爷，您对猴子和海豚那么深的爱，您与广西的缘分，您与我们广西科学技术出版社的缘分，是要永远延续下去的！郑重地请求您好好保重身体！永远年轻！永远健康！

热切盼望能很快再见到您，我们最最亲爱的潘爷爷。

广西科学技术出版社黄敏娴敬上

于 2018 年 4 月 4 日春日韶光

潘教授团队交来的《白头叶猴》书稿中，框架和内容存在一些问题。尽管之前被告知潘教授的书稿是一个字、一个标点符号都不能改的，但我带领编辑坚持从图书的内容定位和出版的效果等方面和潘教授充分探讨、沟通。我们的专业判断和合理建议得到了潘教授的认可，他同意按我们的要求调整内容。

对接一个项目，打动一位顶级作者，不是单凭一个人的力量就可以实现的，离不开集团领导的支持，离不开从社领导到编辑团队的努力和坚持。

一本本书的背后，出版人的默默付出也许并不为人所知，但坚持和坚守，正是出版的魅力和价值。文化的传承、思想的传播、文明的进步，需要一代又一代出版人的坚持和坚守、奉献和担当。

做一本好书，去挖掘、策划一个选题，首先源于作者，作者资源是我们的核心资源。结识不同的作者，双方碰撞理念、交流思想，打动作者，产生共鸣，达成共识，一起去创造美、追求美，最终实现美，把美凝结为一本本好书，我想，这个过程就是一个编辑最可贵的财富。

（本文作者系广西科学技术出版社副总编辑）

# 给学习插上翅膀

## ——儿童教育读物中的插图处理

胡庆嘉

一本书好看与否，不是无缘无故的，能成为精品，总有千万个理由。文字的发明本是为了交流，可我们发现，有时候，恰恰是文字造成的词汇陷阱与句段沟堑成了沟通的障碍，反倒是书中的插图，特别是充满意境的图画，能超越语言文字，有着直逼灵魂的力量。我们都知道，儿童读物最具魅力的特点之一是它的插图。插图对于图书内容的呈现，插图的优劣对于图书的品质，都有着重要的甚至是决定性的影响。

从广义上说，幼儿使用的各种课程资源，小学生的各种教材、教辅、课外活动用书都是儿童读物，只是它们的教育目的性更明确，辅教导学的功能更强、要求更高，其中的插图对于图书实现教学功能有极为重要的作用。

不同内容、不同类型的读物有不同的读者对象，也就有不同的编辑方法和技巧。一百个人读一本书，有一百种读法；一百个人编一本书，也有一百种编法。下面，以接力出版社的部分图书为例，探讨儿童教育读物如何进行图文处理，能让我们的书品质更高一些、差错再少一点。

## 一、儿童教育读物插图的作用

在教育发展和课程改革不断推进的大背景下，儿童教育读物无论是在教育理念、编写思想上，还是在内容选择、呈现方式上，都发生了根本性的变化，并且插图运用越来越广泛，插图也有了全新的内涵。图画与文字相互呼应，共同演绎文本内容，推动故事的发展，让学习得以步步深入。插图可有效帮助教学活动顺利开展，是儿童教育读物实现其教育目的与教育功能的重要手段；图文结合，互为补充，相得益彰，已经成为儿童教育读物的一个发展趋势和重要特征。

### （一）承载知识，传递信息，与文字一起构建读物内容

儿童教育读物所选用的插图，有的是文字材料的背景图片，有的是文字材料的形象呈现，有的是文字材料的拓展，多为配合主要人物、情节、景物绘制，具有形象、生动和直观的特点。插图可以向儿童传递信息，丰富他们的知识积累，帮助他们加强记忆；它是书籍的第二种语言，是知识的载体，是图书整体内容的重要组成部分。

通常，插图作为文字叙述的重要辅助和补充，不仅可以形象直观地表达文字难以表达清楚的内容，还可以化繁为简，在传递信息和数据时，提高读者获得信息的效率。

《接力宝贝》是一套幼儿生活渗透式课程资源，其中《地震》是学前班“安全与健康”领域的学习内容。地震时该怎么做、不该怎么做，主要通过两个跨页画面配合简洁的文字来呈现。

接力出版社 20 世纪 90 年代初出版的大纲版音乐教材，其中的插图往往只起补白的作用；2002 年初编写出版的“过渡版”教材已经注意插图内容与文字内容的有机结合，并开始在版式上进行图文统筹安排，但插图往往还只是文字的直接图解。而 2003 年以来编写出版的课标（2001 版）音乐教材则非常注重整体设计，从字体、字号的选用到插图风格的选择，都经过通盘考虑，

○ 《接力宝贝》中的学习内容之一《地震》

根据实际需要做到图中有文、文中有图，图画在书中不再只是配角，只起美化版面的作用，而是教材的重要内容，是整个教材的重要组成部分。而课标（2011 版）音乐教材通过巧用插图，融入了更多的时代特色，体现了更为先进的教育理念，使音乐学科知识体系更为完善和系统。

如课标（2011 版）音乐教材二年级上、下册中的两幅插图《五个好伙伴》《七个好伙伴》中，梯田上可爱的音符娃娃其实蕴含着奇妙的音乐知识：五个全音和两个半音、音高等。

○ 《五个好伙伴》

○ 《七个好伙伴》

## （二）营造教学氛围，使枯燥的学习变得生动、有趣

兴趣是最好的老师，优秀的插图能使图书充满活力，能激起学生的学习和探索欲望，起到出其不意的教学效果。在音乐教学调研中， 我们发现一、二年级的小学生还不识谱，常把教材当图画书看。教材插图画面渗透着学习内容，同时充满童趣，很容易激发学生主动学习的欲望。老师上课时也会利用插图讲解音乐知识，使学生获得愉悦的学习体验，从而使音乐知识易于为孩子接受。

如课标（2011 版）音乐教材一年级上册的插图《大母鸡，花公鸡》色彩鲜艳明快，融入合唱学习内容，公鸡和母鸡的位置可以帮助学生理解高、低两个声部。同时，插图充满童趣，很容易激发学生主动学习的欲望。

## （三）再现文字描述的情景，对文字内容进行解释、提示、引申，促进儿童对知识的理解和掌握

儿童知识面狭窄，生活阅历不足，对于一些难点知识，有时老师和家长费尽九牛二虎之力也难以讲清。而插图往往与重点内容相关，可以使抽象、枯燥的文字化为生动、鲜明的形象，以此作为学习的突破口，可以帮助他们深入理解文字内涵，拓展思维。如小学语文教材插图往往可以帮助学生准确把握人物形象，正确理解文字描述的事物，加深对文章时代背景、中心思想的认识。小学音乐教材中有些难度较大的教学内容、不易理解的曲目需要引导、提示，插图可以部分代替文字，对音乐内容进行解释、提示、引申甚至深化，以降低教学难度，帮助学生增强克服困难的信心。千言万语不及一幅图，丰子恺先生在为鲁迅小说作插图时曾说，“这些插图就好比在鲁迅先生讲话时装上一个麦克风，使他的声音扩大”，说的正是这个道理。

以两个版本音乐教材中的同一幅插图《听妈妈讲那过去的事情》为例：“过渡版”教材在版式上做到了图文统筹编排，但插图多是对文字内容的直接注解；课标（2011 版）教材则非常关注插图对音乐内容的阐释、提示、引申甚至深化的作用，插图与文字配合，成为演绎音乐主体、指导学生进行音乐活动的重要工具和深化学生情感认知的催化剂。

## （四）培养儿童的审美情感，实现教育功能的扩展

插图对儿童的心理健康、审美情趣等都有积极影响，可使儿童教育读物的教育功能得到很好的实现与扩展。插图涉及日月星辰、山川河流、花鸟鱼虫、风土人情等，内容广泛。通过欣赏插图中的自然美景，儿童可以从中产生热爱自然、热爱家乡、热爱祖国的情感；通过感受图画本身的美，儿童可以提升对美的敏感度，发展艺术鉴赏力，形成一定的审美认识；通过鉴别插图中

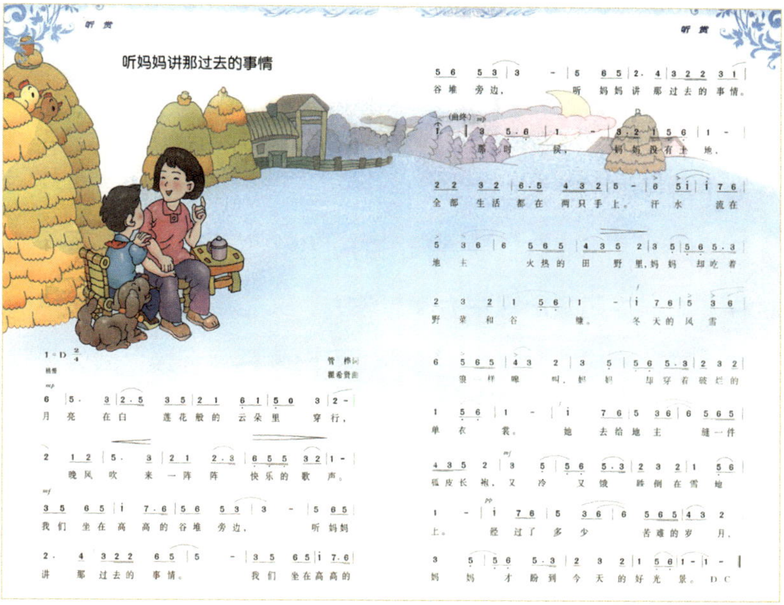


○ “过渡版”音乐教材中的插图《听妈妈讲那过去的事情》

○ 课标（2011版）音乐教材中的插图《听妈妈讲那过去的事情》

美的事物，儿童可以正确认识生活中的真善美，形成善良诚实的品质、乐观开朗的性格、坚忍顽强的意志。总的来说，通过欣赏、体验插图中的各种美，儿童会产生强烈的用语言表现美的形象、创造美的境界并与他人分享的意愿，有助于培养成熟健康的社会心理。

另外，儿童观察、欣赏插图的过程，也是他们的观察力和想象力的培养过程。而训练儿童的观察力和想象力，又是培养创造性思维的主要方式。创造性思维的养成，文字固不可少，但图画更为直接，因为观察欣赏艺术品的过程就是欣赏者再创造的过程。

简单的造型、简洁的画面，深刻的含义、丰富的情感，《接力宝贝》中的《太阳和苹果》配图用三个跨页、一连串的“圆”来演绎故事，自然流畅又令人遐想。

○ 《太阳和苹果》

## （五）美化版面，平衡容量，提升图书品质

插图还能起平衡图书版面容量、调节阅读节奏的作用。课标（2011 版）音乐教材设计有演唱、听赏、活动等不同类型的课程，演唱课要求排出整首歌曲的歌谱，而听赏课、活动课只需要部分歌谱，不同课程内容所需篇幅不一，常常依靠插图调节版面。如教材三年级上册的插图《转圆圈》便很好地起到了调节版面的作用。

总之，儿童教育读物中的插图围绕文字内容，或简要概括、或全景勾勒，或真实再现、或夸张渲染，或局部点缀、或满版铺排，图文交融，不可或缺。儿童教育读物中插图的重要性应引起我们的重视。

○《转圆圈》

## 二、儿童教育读物插图的特点

在教育界有这样一句名言："能够用来促进学习的任何正当方法和手段，都是合理的。假如为了促进学习，必须把要教的东西包上糖衣，那么你不应当吝惜糖。"某种程度上，清新美丽、富有情趣的插图就是学生最乐于接受的香甜可口的"糖衣"。儿童教育读物以学龄前儿童和中小学生为读者对象，教育的目的性和功能性决定了这类读物的插图具有与其他读物不一样的特点。

### （一）紧扣主题内容，与文字形成呼应、互补

教育读物应适当增加高品质的插图，这样做的目的自然是"寓道于图、借图传道"。既然图画是构成图书的重要内容，是学生学习的"桥梁"和"拐杖"，那么插图应该紧扣主题和文字内容，才能取得事半功倍的效果。

例如："幼儿适应性发展课程"的主题活动图画书，封面图紧扣书名，活动主题得到了很好的诠释；选择性活动图书的封面图紧扣活动内容，是数学、手工还是绘画，一目了然。

### （二）传递正能量，带给读者阅读的愉悦和美的感受

出版要有社会担当，要把好意识形态关。《出版管理条例》第二十五条和第二十六条有关禁载内容的规定对图画同样有效，要注意的是，"以未成年人为对象的出版物不得含有诱发未成年人模仿违反社会公德的行为和违法犯罪的行为的内容，不得含有恐怖、残酷等妨害未成年人身心健康的内容"。

教育读物要积极传递正能量，反映当今人民健康、积极的精神面貌，体现人民和谐安康的生活状态及其真切、生动的形象，突出人与人之间相互尊重、彼此关爱的人际关系，禁止以调侃、讥讽等方式丑化人民形象，杜绝庸俗、

○ “幼儿适应性发展课程”主题活动图画书

○ “幼儿适应性发展课程”选择性活动图书

低劣、暴力、不健康等违背国家教育宗旨的符号、形象。

学前儿童读物更要关注读者的心理健康和阅读体验，插图人物造型应体现积极向上的精神面貌，着重表现阳光、健康的人物形象和乐观、开朗的人物情绪。

《接力宝贝》中的《小麻雀》插图，诗和画高度契合，充满童真、童趣。小麻雀和小男孩间是满满的爱心，想给小麻雀分享温暖的孩子，是不是也在温暖着我们？

同时，不强调文化背景的知识、游戏、活动等的素材选择，应该从学生

○ 《小麻雀》

生活环境出发，注重社会主义先进文化、革命文化、中华优秀传统文化教育与传承，不可出现宗教场所，不能有血腥、暴力、歪曲英雄、追捧网红等内容。

例如，《梵高的星空》原是“幼儿园适应性发展课程”（编者注：由“幼儿适应性发展课程”改版）主题活动图画书之一，梵高的《星空》为其中重要配图，但图画传达的是画家内心的苦闷和忧郁，不适合学前儿童。稿件初审时换下了插图，同时将主题活动图画书改名为《遥远的星空》。

### （三）在客观科学的前提下，把握好形象、数量的示意性

插图不可能如同照片，事无巨细一一反映。为了简化图面，插图往往是示意性的，省略一些不必要的背景和不重要的细节以突出主题。但涉及知识点时不能打折扣，如数字计算、空间方位等。

《接力宝贝》中的《小树叶画展》，既是童话故事，又兼顾知识学习，插图特别对应文字内容排列了各种小树叶，有圆形的，有扇形的，有五角星形的，还有一片片像羽毛一样的。而另一个童话故事《100只蜗牛去旅行》，插图不可能将100只蜗牛一一画上，因此适当简化了蜗牛的数量，同时对蜗

牛的形态、色彩进行了夸张美化。

插图的示意性最有代表性的是图标。图标往往比文字更醒目，幼儿课程资源、中小学教材教辅读物常设计各种栏目，以简单的图形（或结合少量文字）对内容加以提示，例如中小学生《写字本》的各种栏目图标。相比满满的文字，简洁的图标更能降低学习的焦虑感。

### （四）在匹配内容的基础上，追求风格多样化

插图要帮助儿童获取信息、增进对知识的理解，应该符合他们的身心发展规律和认知发展水平，并能满足他们的阅读兴趣，风格应该多种多样。

对于童话故事、诗歌等，一些烘托气氛的插图要根据文本内容的需要，在儿童理解能力范围内放飞想象，进行适度的变化与夸张。

例如《接力宝贝》中《快乐的家》，插图简化人物形象，飞到空中的一家人动感十足，传达无限快乐；《爱读书的爸爸》中，插图通过夸张的书堆表现“我”和爸爸都酷爱读书。

在低龄儿童眼中，植物、动物都有生命和意识，拟人化是插图常用的方法。

○ 《快乐的家》

○ 《爱读书的爸爸》

知识性（科普类）内容的插图不能做有悖于事物本质特征的取舍或虚构，特别是插图的各个细节应该反映事物真实的形态、客观的变化规律或数量关系。

另外，根据内容需要可以适当使用照片。例如，《桂林山水》是《接力宝贝》文化接力板块内容，《拼盘游戏》是游戏乐园板块内容，都使用了摄影照片，其中游戏乐园板块的照片与教师资源中游戏板块的视频资源内容同步。这些内容使用照片更具有说服力。

### （五）规范表达，经得起检验

插图涉及的各种图形、色彩，都应按照相关规定或约定俗成的规矩进行设计绘制，插图中的符号，如地图中的国界、铁路等交通运输路线都要用其特定的方法表示，以免儿童难以理解甚至误解。

当然，并非所有的内容都适合用图画表现，敏感内容要注意细节的呈现尺度和隐私保护。如《接力宝贝》中的插图《保护自己的身体》就根据审稿要求进行了修改。

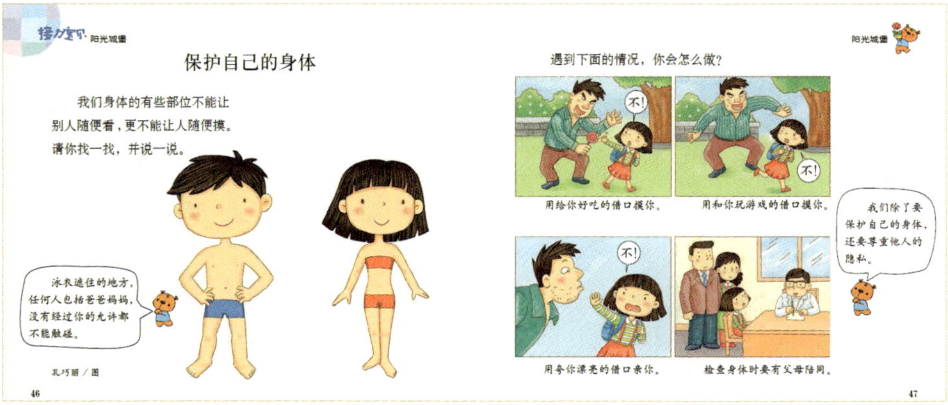


○ 《保护自己的身体》

## 三、儿童教育读物插图常见问题

许多儿童教育读物的内容浅显通俗，文字不多，插图占了很大一部分的版面，恰恰容易出现问题。

### （一）盗版侵权问题

作者写稿时，为求方便，直接从网络上复制他人作品，如编辑加工时疏于审稿，可能引起版权纠纷；使用修过的丧失真实性的图片，可能造成严重错误和不可估量的损失。

### （二）政治性差错

一是出现《出版管理条例》禁载内容，如违背国家宗教政策、民族政策、外交政策的内容，歧视性的内容（如性别歧视），等等。

二是地图问题，如地图中包括海南省，但未画出南海诸岛，又如地图上有台湾省，但未画出钓鱼岛、赤尾屿等。

三是不按规定使用有特定含义的标识、图案，如国旗、国徽、红十字、人民币、邮票等。

四是违背社会主义核心价值观，插图的内容不够健康积极。

### （三）知识性、常识性差错

插图细节中蕴含着诸多的知识性内容，若不加以注意，插图便会失真，不能准确地反映客观实际或客观规律，违背生活常理。一些看似不起眼的地方往往是我们容易出错的地方，轻则贻笑大方，重则误人子弟。如开错季节的花（“春天来了”的主题下，桃花、荷花、菊花同时盛开），种错地方的树（种在北方的香蕉和棕榈），长在秸秆顶上的玉米棒等。

### （四）绘图、设计粗糙

一是插图描绘的事物比例不当、方向错误、各部分相加与总体不符等。

二是插图风格杂乱，体例不统一，字体不规范，如插图灰度深浅不当、线条粗细不协调、尺幅过大或过小；同一版面的内容既有线图又有灰度图，虽不影响对内容的呈现，但会让读者产生绘制粗糙的不良印象。

三是图文脱节，如：插图和正文中的文字、数字、字母不统一；文字说明所涉及的内容在插图中没有体现，插图所体现的内容在文字中却并未提及；插图与说明文字相隔太远，需要翻页寻找。这些问题都会造成阅读困难。

四是过度使用插图，显得娱乐化，喧宾夺主，误导读者。

### （五）人物造型过度变形、夸张

鉴于儿童教育读物特定的读者对象和特殊的教育功能，其插图的人物形象必须符合主流审美情趣，风格不可脱离大众审美习惯。

## 四、组稿审稿基本原则与编排设计要求

### （一）组稿审稿基本原则

组稿前或拿到书稿后，首先要思考下列问题：是否有版权问题？是否要送审、备案？是否含禁载内容，不宜出版？同时，因儿童教育读物教育的目的性、功能性，我们在组稿、审稿时，要抓住书稿的内容特点，既要考虑插图的呈现是否准确、规范，也要考虑插图所包含的知识内容是否科学、恰当，要注意以下各项原则：

1. 树立阵地意识和把关意识，杜绝政治性差错

一是杜绝《出版管理条例》禁载内容及其他违法、违规、违反政策的内容。警惕血腥、暴力、宗教等内容“隐形”在插图中体现；检查是否有背离社会主义核心价值观的内容；要注意民族问题，不能含有歧视性的内容；随时关注时事变化，了解和掌握国家有关法律法规和方针政策，及时修改插图中不合时宜的地方，如从计划生育到鼓励生育（一孩、二孩、三孩）。

二是准确描绘地图，无遗漏地呈现中国的领土、领海。应按国家《公开地图内容表示若干规定》等文件对相关内容进行把关，须经有关测绘管理部门审查的地图，必须按规定送审。

三是规范使用有特定含义的标识、图案。根据《国旗法》《国徽法》《红十字会法》《人民币图样使用管理办法》《仿印邮票图案监督管理办法》等相关规定，正确描绘和呈现党徽、国徽、党旗、国旗以及具有政治意义的建筑，规范使用人民币、邮票图案等。图案主体应当完整，不能随便加黑边，文字无论竖排、横排，都要注意是否产生歧义。

四是慎重并按规定使用人物照片、图像。领袖、英雄人物、历史人物和科学家等人物的插图，要遵照有关规定使用，不能出现失真、丑化的现象；使用党和国家领导人的照片要按规定报批，地方领导人的照片也要慎用；涉及正式场合、外交场合内容时，图片篇幅和排版注意级别和规格。

五是态度鲜明地反对负面行为与言论。插图中描绘的内容必须符合社会公德，对违法乱纪现象和不良行为应有明确的批判态度。

六是避免使用问题人物作品。

七是尽量使用中国素材。

八是避免出现品牌标识，不能出现广告。

2. 尊重科学规律，重视学科知识，消灭知识性差错

缺乏科学性的插图，会在潜移默化中误导读者，因此插图在兼顾生动、形象、可感的同时，必须尊重科学规律、符合生活常理。设计插图时，要重视图画表现的内容和情趣，还要注意数与量、空间与方位及其他数理关系，提高插图质量。

没有现实可能性的设计没有说服力。例如下面这幅插图，本想表现按线索寻找目标的游戏，但现实生活中天上不会出现飞往各个方向的风筝，飞起的风筝的牵引线也不会九转十八弯。

○ 九转十八弯的风筝线

3. 重视插图与知识内容的有机联系，满足学习需要

优秀的插图都是匠心独运的结果，插图与文字内容相吻合有助于教育功能的实现。在进行插图设计时，应提高图画与文字的有机联系和有效配合，提高插图的信息承载量。这不仅能提高学习内容的可读性，便于学生理解科

学的实质，还能让学生具象感知知识在身边，一个陌生的概念靠一张插图一下子就与学生拉近了距离。

学前课程资源的“去小学化”不仅落实在教育理念、课程模式上，还落实在图书编排方式、开本、插图上。例如，《我爱学语言》类似练习册，按幼儿课程资源编写要求修订升级为《快乐读写》后，孩子之前读过的童话故事成为了学习背景，在孩子对童话故事的初步感受和认知基础上，将字、词、句、段进一步关联，帮助他们掌握需要认、写的字，使学习更成体系。同时，结合故事内容，选用成对、成组的字进行编排，有助于理解和记忆。

4. 与时俱进，提高与现实生活和科技发展的吻合度

插图既要精选具有超越时代的价值的内容，又要将这些内容与学生的学习经验和日新月异的社会生活有机结合起来，特别注意所描述事物的时代背景和周边环境。舍弃前者的图书，会变得肤浅乏力；不顾后者的图书，则无法让人信服。

以交通工具为例，插图中的火车，是蒸汽机车、内燃机车还是电力机车，要考虑时代背景。“幼儿适应性发展课程”改版后，旅行内容与时俱进，插图中的绿皮火车换成了高铁。

过去，我们在表现工业发展时会使用烟囱林立、浓烟滚滚的插图，表现农业机械化时用拖着尾气的拖拉机，这些在今天都已不合时宜。扛枪打猎、破坏环境等跟人与自然和谐相处的理念，以及建设美好家园、实现中华民族伟大复兴的中国梦不相符，也不宜出现在插图中。

此外，要注意画面细节。涉及历史内容的插图，注意人物的服饰、发型和所用器物要与朝代相符。不能把影视剧照当作历史图片，不得已使用时，应做说明。

○ 《坐上高铁去旅行》

5. 顺应学生的认知规律，增强图书的亲和力

好的读物要把学生当作学习的主人，根据不同年龄段的生理、心理特点，注意图画表现的内容和情趣，突出主题，设计符合他们的认知水平和接受能力、符合他们的审美特点和审美要求、能激发他们学习兴趣的插图。

课标（2011 版）音乐教材采用 “儿童语言”设计插图，显得直观形象、亲切生动。 教材封面画中的孩子或弹或唱或跳，不仅紧扣音乐主题，而且兼顾不同民族，突出了本套教材的民族特色。画面上孩子的年龄与该册图书使用者的年龄一致，学生很容易产生共鸣。

另外，小青蛙是小学生熟悉和喜爱的小动物，一年级教材紧扣歌曲主题设计了《小青蛙》演唱会插图，“小青蛙”既是曲名，也是插图主角。

需要注意的是幼儿教育类读物的读者是低龄儿童，内容要浅显通俗，但知识的科学性、逻辑性、系统性不能因此打折扣。文字表述既要浅显通俗，又要准确规范，解释概念和描述事物既要客观全面，也要照顾到读者的文化背景和知识基础。同时，低龄儿童的判断能力弱、模仿能力强，超出其认知

○ 《小青蛙》

能力的插图可能会产生不良影响。如幼儿课程资源中，在教孩子关闭电源时，画面如果出现闸刀式开关而不是安全开关，对本就没有安全意识的幼儿来说，就潜藏着巨大的危险。另外，如果要出现打水仗、攀爬树木等画面，应该有明确的禁止提示。

### （二）编排设计常规要求

一本书的插图与文字是一个统一的整体。责任编辑要对插图是否符合图书策划出版的目的、需要达到什么教学效果有清醒的认识，还要不断提高自己的艺术敏感性和审美情趣；美术编辑要加深对图书内容和插图在书中作用的了解，对图文配合给予更多的理解与支持。需要明确的问题是：

第一，责任编辑（或项目负责人）应统筹文字与插图，加强与美术编辑（包括美术作者）、审校人员的沟通，从整体上把握插图的审、编、排、校，保证图书编校质量。

第二，应根据读者对象、图书定位、成本定价等情况，确定插图类型，写出清晰图意并注明突出的重点、禁忌，交给美术编辑处理或直接向美术作者约稿。

第三，插图应有自明性和简明性，对于作者来稿，要检查插画、图片是否符合组稿要求，是否完整清晰，是否存在意识形态、语言文字、数字方位等错误，防止出现违背科学、常识的细节，不符合要求的要修改或重画。

第四，对于需要送审的地图插图，要依据相关规定及时送审，取得相应审图号后方能正式出版。

第五，排版要符合体例要求，注意图片的位置应与正文呼应。通常，图画要排在相关文字后面，但图多字少，图不能紧跟文字排版时，应给图编号，文字叙述时说清“见图 ×”，排序要对得上。图画作品只用局部时，应有说明。内容明确时可以不要图说。

跨页图的拼接处要在行空里，如书法作品不能让字分成两半；人物特别是主要人物不能分开；一般情况下，主要人物面朝订口。

注意图片翻转问题。能否用左手吃饭、写字，可以根据文字内容灵活掌握，但不能出现有违常识的差错；注意打样校色，国旗的颜色必须准确无误；注意信息一致，避免文、图中对应的数量、方位矛盾；注意对联上下联位置；等等。

### （三）加强各类教材插图编辑工作

作为教育读物最重要、最特殊的一类，教材体现党和国家的意志，有最严格的内容导向和编校质量标准，同时也有最严苛的插画和设计要求。正如新华社评论所说：“教材，是大中小学教育教学活动的重要依托，也是帮助青少年培根铸魂、启智增慧的关键载体。青少年正处于世界观、人生观、价值观养成的‘拔节孕穗期’，立德树人是教材建设必须肩负的使命。无论文字内容、版式设计、插图绘制哪一个方面，也无论编、审、校哪一个环节，都必须切实增强责任感和使命感，坚持精益求精、认真严谨的态度和作风，健全科学周到、严密细致的机制和标准，切实扛起‘为党育人、为国育才’的重任。”

近年来，国家教材委和各省、自治区、直辖市教材委加大了对课标教材和地方教材、评议教辅（参照教材管理）的管理、审查力度。2022 年国家教材委下发的《大中小学教材插图排查要点》对教育读物的插图组稿审稿、编排设计工作有很强的指导意义，我们当以此为规范，从各方面提升教材、教辅编辑工作效率和图书插图品质。

1. 重视美术编辑工作，找出短板，明确今后的工作方向与工作重点

接力出版社作为专业的少儿读物出版社，出版了大量插图丰富的教育类读物，包括各类教材与评议教辅。为适应工作需要，北京出版中心的美术编辑主要配置在各分社中，广西出版中心的美术编辑工作也一直按板块安排，《小聪仔》、阅读推广中心、广州编辑部均配置有自己的美术编辑，单设的美术编辑室主要服务于教材教辅出版。这样安排就是考虑到美术编辑工作也有很强的专业性，有自己的工作特点和要求。

但过去，我们把工作重点放在把好文字内容的政治导向关和编校质量关，确保图书正确的政治方向和价值导向上，对美术编辑工作不够重视。同时，美术编辑工作又侧重装帧设计，组画稿、审画稿的关注点也在插图是否符合内容要求、是否存在意识形态问题和知识性问题上，即停留在对与错上，而

对于什么风格的插画风险高、易出错，什么样的人物形象更符合大众审美习惯等问题把握不够、研究不透。今年的教材教辅插图专项审查与整改，让我们更充分地认识到美术编辑工作的重要性，认识到我们工作的短板，同时也让我们更明确今后的工作方向与工作重点。

2. 加强学习与研究，不断提升编校人员的审美素养和审美敏感性

接力出版社课标（2011 版）音乐教材在当年送审时曾得到教育部评审专家“画面精美，图文搭配得当，富有童趣”的好评，但教材教辅插图审查反馈意见表明，教材仍有不少需要修改的地方，涉及特殊标识、图案的规范使用问题、表达适度问题、内容匹配问题等，但绝大多数是“画风”带来的形象问题。

读图时代，插图重要，图画问题敏感。随着时代的变化，出版物插图要调整步伐，跟上形势的发展。无论是文字编辑还是美术编辑，无论是审读还是校对，都要提高审美素养，提升审美敏感度，在大众审美情趣和大众审美习惯上多思考，多研究。

3. 理性看待网络意见，把握好“在匹配内容的基础上，追求风格的多样化”

信息时代，我们的工作和生活离不开网络。在有关教材插图的网络舆论中，读者有不少理性的评论，但专业插画工作者却发声不多，我们一时还难以准确判断什么样的插画不脱离大众审美情趣、符合大众审美习惯。但从目前的审查反馈意见看，画风前卫、色调另类、造型夸张、造型疏简的插画无疑不适用于教育类读物。

由于时间紧、经验不足，而审查意见不够具体，插图整改中，一些图画修改后人物形象高度一致、辨识度差，人物表情呆滞、失去童真童趣，人物间也缺乏互动，给一些学习内容的安排带来困难。为避免工作被“带节奏”，

我们尤其需要理性看待网络意见，及时关注社会各界反应，主动研判社会主流意见，把握好“在匹配内容的基础上，追求风格的多样化”。

4. 作者、编辑、审校共同努力，严把插图质量关

经过审查、评议的教材教辅，在专业上都有一定的质量保证，但作者、专家审稿不能代替出版社内“三审”。虽然作者是第一责任者，专家在其擅长的领域内更有学术话语权，但出版还有纪律、有规范、有禁忌，他们未必知晓关于插图的要求。书稿有疑问时，不能心存侥幸，碍于作者或专家的权威而将就，也不能因为书稿已经通过审查、评议而放松编校标准。

同时，随着技术的进步和读者对图书品质要求的不断提高，越来越多的教育类读物插图由多位作者提供创意、多位画家合作，需要多图画拼合、多图层设计。插画问题已不仅仅是哪一个画家、哪一个编辑的事情。每个人都有知识短板，也可能存在经验盲区，因此多个人一起把关，会多一分保障。无论是文字编辑还是美术编辑，无论是审读还是校对，都有责任守好自己的防线，都应持谦逊、包容的态度，多探讨，多辩论，听得见不同意见、听得进别人的建议，共同把好插图质量关。

精品书不一定要有插图，但插图质量不高的图书成不了精品书。我们希望通过插图，让深奥的知识浅显化、枯燥的知识生动化、烦琐的知识简单化，让插图真正为教育服务，给孩子们的学习插上翅膀。当然，好的图书、好的插图需要投入，需要作者、编辑、审校人员的共同努力。

（本文作者系接力出版社副总编辑）

# 用心做书
## ——兼论编辑的“杂”与“专”

吴春霞

20年对于人的一生不算很长，而对于一个人的职业生涯，可以说已是半程。算算年头，自己干出版这行已有20多年，其间调换了3个单位，但出版情怀始终未改。说到做书，“广西出版现象”成为业界美谈，广西出版更是人才辈出，我们有刘硕良、李元君等一些在全国响当当的出版大家，也有吴小龙、唐玲等一批近年来涌现的出版新秀。而我奉献给出版的，是青春、热情和执着。我把自己的从业经历分享给大家，希望对年轻的编辑有所启发。

## 一、“跨界”而行，入行出版

“跨界”原本是一种商业概念，但近年来也频频被一些媒体使用，我姑且将其通俗地理解为“跨行业”“跨领域”。我在大学所学的专业、所掌握的学科知识跟出版是一点不搭界的，所以用这个词再贴切不过了。上大学时我就读于外贸系，专业是国际贸易，怎么也想不到日后会干出版这行。同班的同学大部分供职于大型国企，如城投、交投、金投、进出口公司、银行、证券公司，也有自己当老板的，像我这样跨界的是极少数。如果按照现在各出版社招聘人员的条件，单单专业条件这一项我可能就被拒之门外了。或许这就是我跟出版的缘分吧！

这份工作我一干就是20多年，越来越觉得出版有意思，并且越来越喜欢。有业内资深人士说，出版是“小产业、真功夫、大事业”。出版不是社会经济支柱产业，也不是高大上的行业，却是一份受人尊敬的职业。出版人肩负着光荣而神圣的使命，那就是“凝聚智慧，传播文明”“举旗帜、聚民心、育新人、兴文化、展形象”。1997年我参加工作时，出版业已经走到了成熟期，并且在20世纪90年代末期开始有一种言论，即“出版业已经开始走下坡路了，是夕阳产业”。进入21世纪，“狼来了”的叫声更是不绝于耳，特别是随着数字出版蓬勃兴起，阅读方式多样化，各种视听媒介出现，出版人产生了强烈的危机感。每当看到一些与我们相近的行业如报刊业面临着生存的危机时，我们都不禁担心：出版还能顶多久？看如今，出版业步伐稳健，特别是在疫情的大考下，我们仍能逆势上扬，这充分说明了出版业具有顽强的生命力，具有超强的适应力、创新力和创造力。所以，我很自豪自己是一个出版人，对自己的选择无怨无悔，也很庆幸自己一路的坚持。

## 二、多岗锻炼，增强本领

从业以来，我供职过3个单位，经历了2次较为重要的转型。

大学毕业之后我就进入出版系统工作，先后在广西出版印刷物资公司、广西人民出版社、广西教育出版社工作。总结起来，就是干过业务、做过行政、当过编辑，现在主要从事管理工作。

职业生涯中，我经历了两次转型：一次是由行政人员转型成了编辑；另一次就是从广西人民出版社调到广西教育出版社，从一线的编辑成为管理者。在广西出版印刷物资公司工作期间，我跑了几年业务，之后转岗办公室做行政，评的是经济系列的职称。2007年，我调入广西人民出版社，当年，我就在办公室行政岗位上考取了出版中级资格证。2008年的一天，韦向克主任（后任广西人民出版社副总编辑）跟我说："来我这儿当编辑吧！"对我而言，编辑工作是一个全新的领域，我的内心产生了去尝试的冲动，所以我没有过多考虑就答应了。后经社务会研究同意，我从办公室转到了编辑部门，真正开始了我的编辑生涯。2016年8月，按照组织的安排，我调任广西教育出版社副总编辑。两个社的定位是不一样的，广西人民出版社是党社，属综合性出版社，而广西教育出版社是专业类出版社；我从一线的编辑成为管理者，一方面是业务有所改变，另一方面则是岗位职责变化了。

在工作单位变动、岗位变动的过程中，我或多或少掌握了出版链条中选题策划、组稿、编校、设计排版、印制装订等环节的知识和技能，并且拥有了行政和编辑一线的工作经历，对我而言，这些实践是一笔巨大的财富。

## 三、小书单，大收获

### （一）策划、编辑的主要图书

主题出版：《震惊世界的广西农民——广西农民的创举与中国村民自治》、《雨雪冰冻见真情——广西抗灾救灾先进事迹选编》、《爱我中华　建设广西——庆祝新中国成立60周年简明读本》、《图说广西》、《抗战烽火中的广西——八桂抗战故事汇》、《太阳每天都是新的——黄永腾的故事》、《我们家的故事》、《一厘米国境线》、《我班有个理论家》。

时政、社科类：《〈广西北部湾经济区发展规划〉解读》、《广西经济社会发展研究》、《科学发展：广西奋进之路》、《新发展　新变化——广西改革开放30年宣传材料》、《坚持改革开放　推动科学发展：广西纪念改革开放30周年理论研讨会论文集》、《实践·创新·繁荣：广西社会科学优秀成果概览（1958—2008）》（文化卷）、《新中国60年广西发展成就》、《广西科学发展问题研究》、《凡事说理——广西热点面对面》。

文学类："广西少数民族新锐作家丛书"、"广西2014—2015年重点文学创作扶持项目"、《矗山暮影》、《一个少数民族作家的心路历程——〈潘琦文集〉首发式暨作品研讨会专辑》。

教材：中国传统文化教育全国中小学实验教材（广西版）。

民族古籍：《仫佬族地区文书古籍影印校注》（富媒体出版物）、《顿造忙（创世经）影印译注》、《瑶族婚俗古歌都才都寅译注》（富媒体出版物）。

辞书：《现代泰汉词典》、《汉语－老挝语词典》、《老挝语－汉语词典》、《新编老挝语口语》。

青少年读物：《新语文读本》、"童话中的新世界丛书"、《黑桑》、《凤影引航——穿越海上丝路》、《家风小故事》、《穿山越海》、《千山鸟飞》、《少年师傅》。

其他："桂学研究"丛书、"美丽南方·广西故事"系列丛书、"防城港之窗"系列丛书、《广西新闻出版辉煌60年》、《广西卫生50年》、《中国民间创世史诗集成·广西卷》、《起飞的翅膀——2009年清华大学博士研究生玉林社会实践项目论文集》。

### （二）编辑心得

上述图书类别不少（"辞书"是我分管部门的品牌产品，"青少年读物"是我负责终审的图书，其他均为由我担任策划或责任编辑的图书），涉及的领域很多。一个个项目做下来，我作为一名编辑的专业素养得以不断提升，积攒了越来越多与作者沟通的技巧，结交了不少师友，也了解了相关行业的基本情况和动态。在此我主要分享编辑几本（套）书的体会和收获。

○《震惊世界的广西农民——广西农民的创举与中国村民自治》

第一,《震惊世界的广西农民——广西农民的创举与中国村民自治》。一个编辑在其职业生涯中一定要有几本书是可以津津乐道的，就我而言，首先要讲的就是这本《震惊世界的广西农民》。这本书是2008年出版的，那时正值改革开放30周年。书中讲述了广西农民的一个壮举——首创村民自治，选举出全国第一个村民委员会，揭开了中国基层民主政治的序幕，并由此催生了《中华人民共和国村民委员会组织法》。这是一个非常重大的题材。我当时刚调到编辑部门不久，时任广西人民出版社党总支书记、副总编辑温六零就把这个项目交给了我，由我担任责任编辑。这个选题源于作家王布衣在《广西文学》刊发的一篇文章，时任广西文学杂志社社长、广西作协常务副主席罗传洲将这篇文章推荐给了广西人民出版社。大家都熟知安徽小岗村分田到户，实行家庭联产承包责任制，知道小岗村是中国农村经济改革的发源地，却很少人知道广西宜山县（现河池市宜州区）合寨村首创村民自治，很少人知道合寨村的几个农民是新中国基层民主政治改革的开山辟路者，这是广西引以为豪的壮举。社里经过论证，决定请作者王布衣扩写文章，将其打造成一部报告文学作品。编完这本书后，我有几个很重要的收获：掌握了编辑出版一本图书的全流程，包括策划选题、写出版方案、组稿、编校、送审、约写书评等；自己刚刚转到编辑岗位，就承担了这么重大的项目，高起点大大加快了个人成长的步伐；结识了一批专

○ 在合寨村的老樟树下合影（右一为本文作者）

家，如自治区党校的陈学璞、唐秀玲教授，广西社科院的曾德盛、曾家华研究员，还有党史研究专家陈欣德等；该书获广西“五个一工程”奖。

第二，《雨雪冰冻见真情——广西抗灾救灾先进事迹选编》。这本书由自治区党委宣传部组织编写，我和农向东老师一起担任责任编辑。2018 年初，广西遭受了严重的低温雨雪冰冻灾害。在抗灾救灾的过程中，各市各有关部门不畏艰难困苦，全力以赴，涌现了一批先进集体和先进个人。该书对于宣传好广西抗灾救灾的先进事迹，弘扬伟大的民族精神和时代精神具有重大意义，较好地诠释了主题出版图书唱响主旋律、传播正能量的重要意义。该书出版后获得了第二届中华优秀出版物奖抗震救灾特别奖。

第三，《抗战烽火中的广西——八桂抗战故事汇》。在广西人民出版社工作期间，类似的项目我做过很多，而这本书的特别之处在于，从去自治区党委宣传部接受出版任务到正式出版，只有不到一个月的时间。这本书是2015年为纪念中国人民抗日战争暨世界反法西斯战争胜利70周年而做的，当时时间很紧，而书稿还没有收齐，任务非常艰巨。庆幸的是，我有一支能打硬仗的队伍。我和团队多管齐下，编辑、校对、设计、排版统筹协作，最终在重要时间点按时保质完成了任务。

第四，中国传统文化教育全国中小学实验教材（广西版）。这是我第一次策划和编辑教材，完全没有经验，边做边学。这套教材的主体内容是全国统一的，但对于涉及广西地方的部分，如广西历史、地理、人物、景观、民俗、小吃等，我和团队深度参与了内容的选择和编排。其间，我们专门请教了相关的专家学者，如广西民族大学的李富强教授。此外，我还到广西教育出版社（当时还未调入）向基础教育部的同人取经。后来，这个项目上了广西2015年春季义务教育地方课程教科书目录。敢于尝试、虚心请教、善于学习，是我从这套教材的编辑出版过程中悟出的道理。

第五，“广西少数民族新锐作家丛书”（10册）、“广西2014—2015年重点文学创作扶持项目”（49册）。这是我策划出版的两个原创文学项目。第一个项目规模中等，但作者实力不俗，何述强、黄土路、林虹、杨仕芳、黄芳等均是文学桂军的生力军，并且都是少数民族作家，丛书亮点显而易见。第一个项目试水成功让我有机会做第二个项目，整个项目有49册图书，规模很大，有小说、诗歌、散文、文艺评论、儿童文学等类别，作者名气大，作品质量高。但是，并非49本书全放在广西人民出版社出版，这是后话。这套书历时2年完成，因为作者交稿的时间不一致，出版时间分散，未能集中亮相，实为遗憾。欣喜的是这个项目中《母亲的岛》荣获全国少数民族文学创作“骏马奖”、广西文艺创作铜鼓奖、桂版好书奖，《八桂颂》等3部作品同一年获得广西文艺创作铜鼓奖。之所以能接下这两个项目，是因为我喜好文学，

○ “广西 2014—2015 年重点文学创作扶持项目”

比较关注广西文艺界的动态，又恰好有几个要好的作家朋友，各种机缘和自己的诚心最终促成了合作。

第六，民族古籍。这是广西教育出版社近年来着力打造的一个新兴板块，虽然刚刚起步，但《仫佬族地区文书古籍影印校注》《顿造忙（创世经）影印译注》《瑶族婚俗古歌都才都寅译注》等项目已经在国家出版基金项目中有所斩获。依托这个板块，相关部门的骨干编辑还申报了集团的首席编辑。专、精、系列化、数字化，是广西教育出版社深耕民族古籍出版板块，打造民族文化精品所遵循的原则。目前，我们已经做好未来 5 至 10 年的出版规划。这是广西教育出版社贯彻落实《国务院办公厅关于进一步加强古籍保护工作的意见》《“十三五”时期全国古籍保护工作规划》等文件精神，铸牢中华民族共同体意识的具体实践。

## 四、艺不压身，赋能前行

从业以来走过的单位、待过的岗位、接触过的行当、编辑过的图书，看起来比较杂，实际上我始终没有离开过出版，这些经历构筑起我干出版的基石；而是否用心去对待每一项工作、去实践、去积累，能否真正做到干一行、爱一行、专一行，直接影响着这个基础的牢靠程度，一定程度上也决定着我的职业生涯能持续多久、能走多远。

通常，我们在谈论编辑的能力和素养的时候，都会把主要的关注点放在编辑、营销等环节中（如我在下文讲到的几种能力），却很少有人提及与印制相关的内容。我姑且把以下提到的印刷物资、装帧设计、排版归入印制中。或许有人会说，这些事情在出版社里有装帧设计室和出版科来负责，不需要编辑来操心。从岗位职责来说，这话没毛病，但是，谁会嫌弃自己懂得多呢！

刚参加工作的时候，老业务员教我认识纸张、油墨耗材、印刷机械，比如纸张的类别、品牌、规格、克重、白度等，仓库的保管员大姐教我怎样又快又准地数纸张、怎样打包等。当时广西出版印刷物资公司与广西民族印刷厂仅一墙之隔，同为服务出版的单位，来往较为密切，相互间的交流学习也比较多，因此我到印刷厂的机会很多。在广西人民出版社当编辑部主任的时候，社里给了我们较大的自主权，所以我当时根据部门图书类型、风格等，在纸张和制作工艺的选择上进行了比较多的尝试。实践证明，在这些细节上做一些改变，对提升图书的品质和品位有很大成效，比如“广西 2014—2015 年重点文学创作扶持项目”，成品在众多图书中脱颖而出。

说到设计和排版，当年广西出版印刷物资公司跟西麦制版公司有合作，后者专门从事设计、排版等业务。当时西麦制版公司承接了广西美术出版社、广西民族出版社的不少业务，我因此有机会在西麦制版公司粗浅地学习相关的知识，也结识了不少出版社的老师。后来我调到广西人民出版社，曾任旗下麦林公司副总经理。麦林公司根据社里业务的需求，成立了一个排版工作室，并配置了几个美编。我和小伙伴们共处了两年时间，跟他们学到不少东西。

再说说“写”。我做过行政工作，总结一句话：办公室是个特别能锻炼人的地方。这里我仅说关于“写”的体会。我的主任跟我说过这样一句话：“写得材料，在任何时候、任何岗位都很受用。”我在实际工作中对这句话体会颇深。小到营销广告语、内容简介，大到工作总结、策划方案、专业论文等，都是考验写作功力的。2019 年我被抽调到集团“不忘初心、牢记使命”主题教育办公室 3 个月，其间撰写了不少材料，可以说是较好地完成了集团交给我的任务。2020 年 6 月 22 日，我在《中国新闻出版广电报》上发表了一篇题为《撰写专业论文是出版编辑的基本功》的文章，我写道：“写专业论文，是编辑从事出版工作的一项基本要求，是编辑的一项必备基本功。”这句话如果套用为“写作是……”我认为也是成立的。

在社里，领导班子也鼓励员工多岗锻炼，这对编辑的成长是非常有利的。2019 年，广西教育出版社在员工中组织了双向选择，有一些编教辅的编辑转去做市场图书，编青少年阅读类图书的编辑转去编教辅，有营销人员转去当了编辑，也有校对人员转去做营销工作。

## 五、新时代，新要求

著名语言学家和出版家罗竹风先生倡导“编辑应该是杂家”。编辑绝大多数无法成为多个领域的专家，但可以粗通各个领域各门学问，知其一二，略懂三四，努力成为出版的行家。当前我们处于融媒体时代，传播技术手段不断革新，出版行业发生了深刻的变化，同时面临更为激烈的竞争，由此对编辑的素养和能力也提出了新的、更高的要求。

第一，情怀。韬奋基金会理事长聂震宁说过："要成为一名优秀的编辑和出版人，首先需要的是出版情怀。"情怀是一种热爱、一种追求，同时也含有一种自豪感，是我们走向职业成功的重要精神支柱之一。纵观出版历史，出版家张元济先生放弃南洋公学代理总理一职，进入商务印书馆，以"昌明教育，开启民智"为理想抱负，致力于出更多的好书，培养更多的人才，这就是张元济先生的出版情怀。邹韬奋先生、周振甫先生的奋斗精神、奉献精神和专注精神也为编辑们所熟知，这也是出版情怀。在我们身边，刘硕良、李元君、温六零等前辈对出版的执着和热爱，无不是我们学习的榜样。有了情怀，人才能坚持和坚守。

第二，政治素养和职业素养。老一辈出版领导人、出版理论家刘杲说过，编辑要努力在政治方向、编辑功底、学科知识、社会责任、经营才能、开拓精神、职业道德等方面不断取得长进。中国语言学家、出版家陈原也说过，编辑除了需要政治的、学术的、专业的、编辑的、语言文字的修养，还需要有眼光、劳作、胆识和理想。这些无不对编辑提出了政治素养和职业素养方面的要求。新形势下，新闻舆论工作的职责和使命要求编辑强化政治素养，不断提升政治敏锐性和政治鉴别力，牢牢把控出版物的政治方向和政治尺度。此外，编辑的职业素养也是生产精品的关键要素，高水平的编辑能够使出版物从内容到形式获得较大的提升，甚至发生质的飞跃，这是对作者负责、对作品负责、对读者负责的上佳表现。

第三，工匠精神。党的十九大报告提出："建设知识型、技能型、创新型劳动者大军，弘扬劳模精神和工匠精神，营造劳动光荣的社会风尚和精益求精的敬业风气。”当下，我国经济社会进入高速发展时期，全社会都在倡导工匠精神，崇尚质量的提升。工匠精神正是职业素养的最高要求，它与敬业爱岗、专注、创新、钻研等词关联，体现了一种追求卓越、精益求精、勇于开拓、团结协作的精神。出版社想要实施精品战略，实现高质量发展，编辑就必须具备工匠精神：要心怀对出版事业的热爱，要有奉献精神，树立精品意识，严格把好图书质量关，精心打磨书稿，还要拓展思路、有创造性地开展工作。这样才能把思想精深、艺术精湛、制作精良的精神产品奉献给社会和读者。

第四，融合探索能力。编辑应当努力学习新知识，常学常新，与时俱进，特别是当下传播技术及其应用日新月异、层出不穷，数字化、智能化、网络化已经融入出版工作的各个环节，受众的阅读方式和习惯也发生了深刻的改变。因此，编辑要深植融合发展的理念，以开放的心态，了解新技术在传媒中的应用及其相关知识，学习移动互联网、大数据、云计算、人工智能等新兴技术，提高融合创新的探索能力。要培养运用大数据分析的能力，把握互联网传播规律，将图书产品的特点和数字传播的优势结合起来，运用多媒体形式进行表达和传播，走融合发展之路。

第五，开放的视野。在需要深耕内容的时代，围绕内容建设，实现“内容+”，是出版业实现融合发展的关键之一。我们积极倡导“一个内容多种创意、一个创意多次开发、一次开发多种产品、一种产品多个形态、一次销售多条渠道、一次投入多次产出、一次产出多次增值”，做到立足出版而又跳出出版，以更加广阔的视野对我们的产品进行立体开发，延伸出版产业链，甚至跨界融合，达到以更加丰富的形式拓宽出版的受众面、扩大影响力的目的。

麦林文学网属广西人民出版社旗下的广西麦林文化传播有限公司，由其承办的广西网络文学大赛已经举办了八届，知名度不断扩大，已经成为广西人民出版社的一个品牌。麦林文学网在运营初期便聚集了一批网络文学作者和作品，我们从中精挑细选，将一些有潜在市场的网络小说转化为纸质图书，特别是青春、言情、悬疑、幻想类小说，市场反响还不错，甚至有不少版权输出到了越南。当时社领导还指导我们运作这些网络小说的数字版权、影视版权、翻译权等，之后就有了《北海恋人》《淑女之家》《极品家丁》等作品转化成影视作品的尝试。就当时而言，这种多元的开发算是起步比较早的，由此编辑也逐渐养成了一种开放的思维。2019 年麦林文学网登上中国 IP 价值榜文学领域 IP 运营公司年度十佳榜单，2020 年广西麦林文化传播有限公司登上中国 IP 价值榜文学领域 IP 运营公司年度十佳榜单，我认为这是出版走融合发展之路的一个代表实例，也是他们坚持和探索得到的收获。

第六，善借外力，为我所用。他山之石可以攻玉，懂得借助他人之力为自己所用，方为智者。“东南亚国家语言辞书系列”是广西教育出版社的一个特色品牌，在全国具有较大影响力。辞书编纂难度大、质量要求特别高、出版周期较长，光靠编校人员自己是绝对完成不了的，主要依靠一批高水准的作者和专家来完成。每出版一本词典，涉及的作者、专家、审核、校对等人员有几十人，最多时甚至有 200 人。经过多年的耕耘和积累，作者层面上，我们积累了北京大学、中国人民解放军外国语学院、泰国清莱皇太后大学、泰国国家发展管理学院等国内外知名高校的一批高水平作者。比如 2019 年出版的《新泰汉词典》，由泰语词典研究领域的泰斗级人物萧少云先生撰写提纲，二十世纪五六十年代他曾担任国家领导人的随从翻译，出访东南亚国家。又如《新汉泰词典》的主编裴晓睿是北京大学教授、北京大学诗琳通泰学讲席教授。专家层面上，我们聚集了广西民族大学、四川外国语大学、广西外国语学院、广西广播电视台的一批教授和专家，另外还有一些华侨人士。可以说，我们的辞书就是最强“外部大脑”集体智慧的结晶。民族古籍是广西教育出

○ 广西教育出版社出版的民族古籍类图书

版社近年来重点打造的一个板块，已经连续三年有项目获得国家出版基金资助。这个板块的运作我们主要依靠“三支队伍”：第一支是民间传承人队伍，包括麽公、道公、山歌手等，负责民族古籍的普查、抢救搜集和识读等；第二支是市县级民族文化工作者队伍，负责民族古籍的初步翻译、整理；第三支是专家学者队伍，负责民族古籍的规范整理、深入研究和政治把关、学术提升。我们充分利用了不同层面的民族古籍人才资源，共同打造民族文化精品。

第七，对接学科资源。在融合发展的背景下，优质内容仍是各出版社争夺的资源，是出版社的核心竞争力之一。编辑作为内容的发现者、组织者、加工者和推广者，担负着对接并整合学科资源、物化学术成果、传播知识的重任，要培养起关注重点、热点、焦点的意识，提升捕捉资源包括内容资源、作者资源的能力。广西教育出版社是专业出版社，各学科都配备有一定数量的专业编辑，从社领导到骨干编辑都积极加入相关学科的研究会、经常参加学术活动，目的就是充分地了解市场、掌握行业动态、知晓最新消息，这样做还有利于接触、发现、聚集专家学者，以及与读者、用户互动。在这样的理念指导下，经过多年的耕耘和积累，我们已经形成“中国科学史”丛书、“学科教育研究”丛书等学术和教育理论特色板块。

第八，编辑要成为新媒体营销能手。互联网时代，编辑不仅要专注于前端的选题策划、中端的编校，还需要参与后端的营销。当前图书线上线下的销售形式与格局已经发生深刻变化，视频营销、直播带货等成为销售新风尚。编辑作为内容的加工者，对内容有深刻的了解和把握，在做好传统媒体常规宣传的同时，如果能够借助新兴媒体如社群平台、电商渠道等进行图书宣传推广，实现内容加工与宣传营销联动，必定能够更有效、更精准地打开市场，使出版物更容易为读者所接受。

出版业已经发生深刻变革，我们要不断地学习，提升自我，把自己锻造成政治素质过硬、职业品质优秀、文化情怀深厚、思维视野开阔的出版人，更好地担负起传承文明、传播知识的使命。

（本文作者系广西教育出版社副总编辑）

# 后　记

2020 年，广西出版传媒集团（以下简称“集团”）策划举办了“社长总编辑谈做书”沙龙活动；2021 年，又接着策划举办了“骨干编辑谈做书”沙龙活动。在沙龙活动中开讲的分享嘉宾，既有集团里的优秀出版领军人才，也有在各自出版领域有独到体验的骨干编辑。他们的精彩分享，既有几十年行业经验的传授，又有浸润专业的深入思考，还不乏编辑方法论的启发，内容丰富，形式新颖，受到集团内外的广泛好评和喜爱。

为了让更多关心出版的社会各界人士，特别是出版界同人能一窥“社长总编辑谈做书”“骨干编辑谈做书”沙龙活动的面貌，弥补此前因疫情防控需要及场地所限不能亲临活动现场的遗憾，同时使交流碰撞出的思想火花得到更深层次的提炼和升华，也为固化和展示沙龙活动成果，给沙龙分享者们今后的回忆提供珍贵的资料，我们组织人员将嘉宾分享内容精心编辑整理，结集出版。成文的讲稿均由分享人员根据沙龙活动现场录音自行整理，力求保留最原汁原味的演讲实录（出版时文中部分内容有所更新）。

连续两年的“谈做书”沙龙活动能成功举办，历时一年的书稿整理和出版工作，想要感谢的单位、部门和个人太多。

感谢集团党委书记、董事长覃超同志的高度重视和悉心指导，感谢集团各位领导的大力支持，感谢集团旗下广西人民出版社、漓江出版社、广西教育出版社、广西科学技术出版社、广西美术出版社、接力出版社、广西金海湾电子音像出版社、广西《海外星云》杂志社的紧密配合和大力支持，感谢集团人力资源部和阅读推广部的团结协作与默契配合，也感谢集团出版管理部的精心组织和统筹安排。

当然，这两本书能够顺利出版，离不开广西教育出版社的鼎力支持，离不开编校团队的认真编校，更离不开中国出版集团原总裁、韬奋基金会理事长聂震宁先生作序推荐，在此一并表示诚挚的谢意。

希望这两本小书对出版人特别是年轻编辑有所启迪、帮助。

编　者

2022 年 10 月于南宁